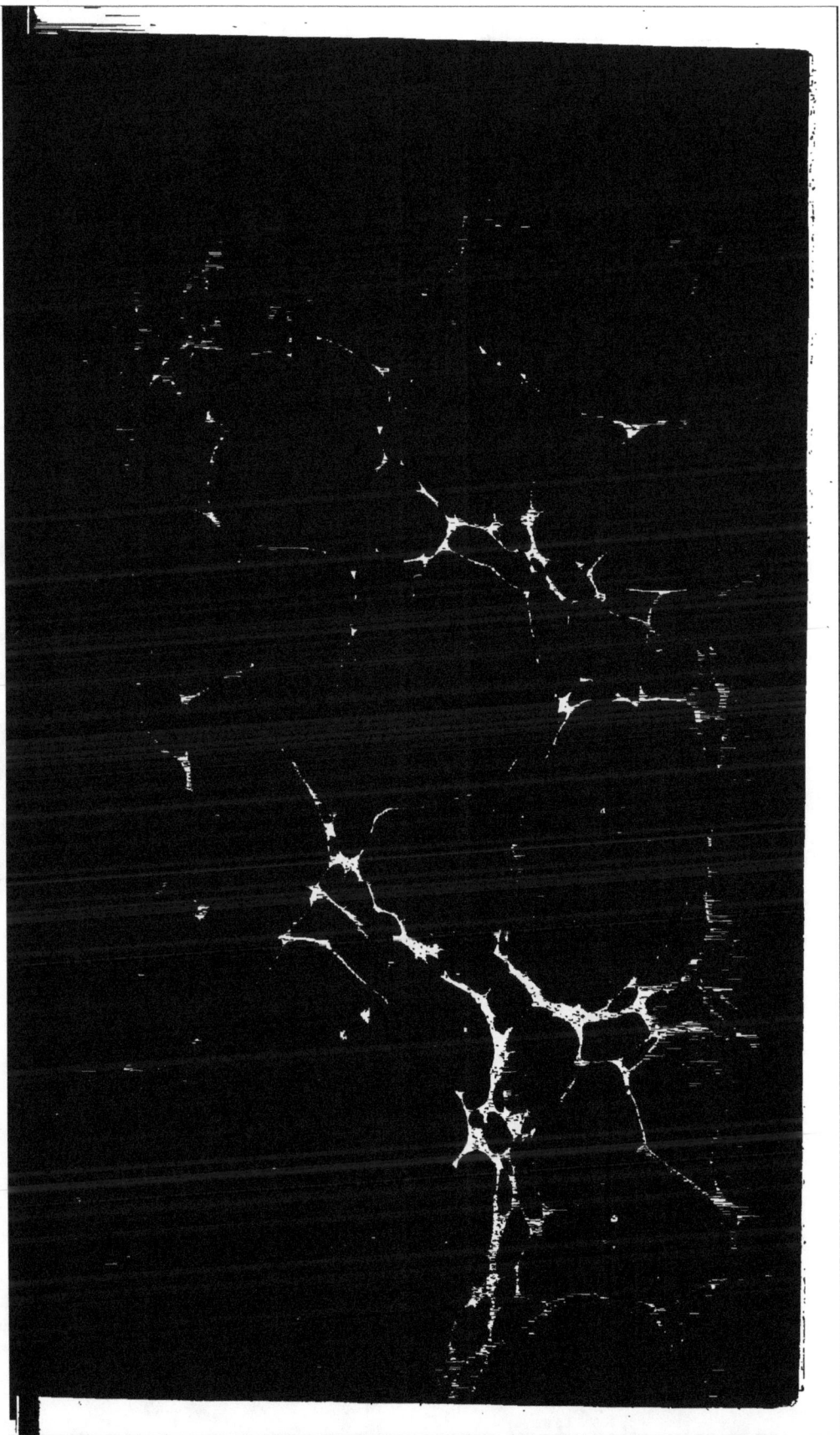

L'ART

DE

GAGNER A LA BOURSE.

Paris, imprimerie d'Alphonse AUBRY et Cie,
Rue de l'Église-Vaugirard, 6.

L'ART

DE

GAGNER A LA BOURSE

SANS RISQUER SA FORTUNE

par

M. J.-M.

Omnes eodem cogimur, omnium
versatur urna serius ocius sors
exitura et nos fortuna ruina.

PARIS

CASTEL, LIBRAIRE-ÉDITEUR

PASSAGE DE L'OPÉRA, GALERIE DE L'HORLOGE, Nᵒˢ 3 ET 21

—

1860

AVIS.

Toutes communications à l'adresse de l'auteur peuvent lui être adressées, *franco*, sous le couvert de M. Castel, libraire-éditeur, passage de l'Opéra, galerie de l'Horloge, nᵒˢ 3 et 21.

DU MÊME AUTEUR, POUR PARAÎTRE PROCHAINEMENT :

THÉORIE ET APPLICATION FINANCIÈRE, 1 vol.

DIVISION DE L'OUVRAGE : Etude financière rétrospective du système de Law. — État financier de toutes les nations en 1860. — De la solidarité universelle; abolition du change. — Réformes en France. — Théorie et application financières au remboursemet de la dette publique en France. — Le travail actionnaire et l'État capitaliste; fin du paupérisme sous le règne des Napoléon.

HISTOIRE DRAMATIQUE DES GRANDS FINANCIERS, depuis JACQUES-COEUR jusqu'à nos jours. 1 vol.

CHRONIQUES COMIQUES ET SCANDALEUSES DE LA BOURSE.

(Cet ouvrage ne sera pas vendu publiquement. Il se souscrit d'avance, et il n'en sera tiré qu'un nombre d'exemplaires numérotés égal au nombre des souscripteurs.) Un vol. in-8. Prix : 10 fr.

LES MANIEURS D'AFFAIRES. 1 vol.

1

TABLE DES MATIÈRES.

L'ART

DE GAGNER A LA BOURSE.

I

CE QU'ON PENSE DE LA BOURSE.

Ceci s'adresse à tous, car, comme le dit Proudhon, « tous nous gagnons ou nous perdons chaque jour quelque chose à la Bourse. »

Nous ajouterons : tous nous avons besoin de gagner chaque jour quelque chose à la Bourse ; tous nous devons éviter de perdre à la Bourse.

Conséquemment : bienvenus ceux qui vien-

nent donner de bons conseils aux spéculateurs.

Je dois cependant prévenir mes lecteurs,
quels qu'ils soient, que je n'écris ici que pour
une certaine classe de spéculateurs de profes-
sion, et dans le but évident de leur être utile.

Cette catégorie de spéculateurs est celle qui,
ayant toujours la même manière routinière
d'opérer, se trouve le plus exposée à perdre,
et manque des connaissances ou de l'intelligence nécessaires pour engager des opérations
qui puissent lui produire un bénéfice modeste
sans l'exposer à de grands risques.

La précision et la clarté étant de rigueur
dans un semblable travail, j'aurai soin de ne
m'appesantir que sur la question pratique, qui
n'a point encore que je sache, été traitée
comme elle aurait dû l'être pour être parfai-
tement comprise par tout le monde.

Cela dit, j'entre dans mon sujet.

D'abord la spéculation est-elle moralement
licite?

Oui, si l'on considère qu'elle est une des conditions d'existence des sociétés modernes, et que tout dans ce monde n'est que spéculation pure.

Pas n'est besoin, j'espère, de développer cet aphorisme à des lecteurs intelligents.

Mais ce qu'on entend par spéculation boursière a été jusqu'ici regardé comme un genre de spéculation entaché d'immoralité parce que, dit-on, c'est un jeu revêtu d'un caractère presque frauduleux.

Je prouverai, quand on le voudra, que tout ce qui est commerce et spéculation mérite le même reproche.

Les gens qui n'ont jamais spéculé voient deux camps à la Bourse : les gagnants et les perdants, et, dans leur opinion, les gagnants seraient toujours les mêmes, donc ils doivent tricher, ils méritent le blâme, et les perdants ne méritent pas qu'on les plaigne.

Ce jugement, pour toute personne non prévenue et qui connaît la Bourse, est bien la plus abominable injustice que la bêtise humaine ait jamais accréditée dans l'opinion publique.

A côté de ces critiques violents et injustes il y a les indifférents qui ne connaissent de la Bourse que les bruits absurdes propagés par l'ignorance et inventés par la mauvaise foi, et qui se contentent de dire de tout homme suspecté de spéculer à la Bourse : Encore un qui cherche sa ruine ou celle des autres.

Dans ces jugements sur la Bourse, il y a peu de vrai, beaucoup de faux, et énormément d'exagération malveillante contre la gent boursière. De là cette suspicion d'immoralité qui pèse sur les jeux de Bourse et qui inspire à tort, selon moi, une si grande répugnance à bien des gens.

Faut-il voir le mobile de ces jugements téméraires dans un sentiment de rapacité et d'envie?

Qui sait? Peut-être que tel qui déblatère contre Israël ne serait pas fâché d'être hébergé dans la sainte tribu.

Je leur déclare, entre parenthèse, qu'ils y trouveront toujours une intelligente et généreuse hospitalité, comme seuls les descendants de Jacob savent la donner.

Je ne discuterai donc pas plus longtemps sur ce sujet. Je laisse chacun libre de penser ce que bon lui semble de la Bourse. Je sais trop, d'ailleurs, qu'on a toujours tort de vouloir redresser des erreurs et des préjugés incurables. Heureusement que la grande et loyale spéculation ne s'en émeut pas. Quant aux trafiquants subalternes, aux tripoteurs de bas étage qui sont la plaie de la Bourse, tout ce que je pourrais dire ne les corrigerait pas. Mais avec le temps cette plèbe de la spéculation se verra forcée de changer d'allures sous peine de se voir chassée honteusement du temple.

Je me résume.

Oui, quand elle s'exécute avec loyauté, ce qui est la règle, la spéculation boursière est moralement licite du moment qu'elle est nécessaire, et elle est nécessaire puisque le crédit de l'État et le crédit public souffrent dès qu'elle languit. La Bourse est un moteur indispensable de la machine sociale. C'est le grand

Minotaure moderne qui, pour nous servir, demande, chaque année, le sacrifice de quelques spéculateurs. Plaignons, mais n'accusons pas ces victimes fatalement prédestinées à une fin déplorable. Tout esprit juste ne saurait méconnaître les services importants rendus au pays par la spéculation. La réforme à faire serait bien plutôt de l'éclairer, de la diriger dans là bonne voie, de l'empêcher de dévorer, comme Saturne, ses propres enfants. Tâche ingrate et difficile, il faut en convenir, mais qu'on aurait tort de croire impossible.

Le problème à résoudre de nos jours serait donc celui-ci :

1º Trouver le moyen d'empêcher les spéculateurs de se ruiner à la Bourse.

2º Faire en sorte que tout le monde gagne en spéculant à la Bourse.

Voilà certes une belle équation financière que je viens soumettre aux hommes de bonne volonté.

Je n'ai pas la prétention de la résoudre ; je

n'ai que le désir de l'étudier et de donner de
simples conseils que je crois bons. A ceux qui
voudront les suivre je garantis la conservation
de leur fortune et des bénéfices liquides à
chaque fin d'année.

II

LA BOURSE AU CONFESSIONNAL. — ANECDOTES.

Commençons par quelques anecdotes bour-
sières qui sont de l'histoire, et qui portent avec
elles de grands enseignements.

Les faits parlent mieux que des sermons.
On verra que tout n'est pas ni si rose ni si
noir qu'on se l'imagine dans le métier de boursier. Pour le commun des martyrs la chute
est souvent près du succès, et *vice versa.* Ces
exemples instruiront les imprudents, et pour-
ront empêcher quelques papillons étourdis de
venir à la légère se brûler les ailes à la flamme
du Trois pour cent.

Je ne saurais trop le répéter : il faut prémunir contre eux-mêmes ceux qui s'imaginent que les jeux de bourse sont faciles, ou que la réflexion et le calcul sont inutiles quand tout dépend du hasard, de la chance, comme je l'entends dire tous les jours. La chance peut bien vous favoriser une fois sur dix, mais si vous ne comptez que sur elle, vous êtes infailliblement perdu. Il faut, certes, de l'intelligence et un travail d'esprit soutenu pour mener à bien les grandes opérations. Certaines qualités valent mieux, pour réussir à la Bourse, que toutes les chances du monde. L'homme qui les possède soutiendra sa position, étendra son crédit, et arrivera tôt ou tard à s'enrichir. Ces précieux talismans sont : l'expérience de la Bourse, la science financière, la prudence, le sang-froid, un caractère ferme et réfléchi, la rapidité de conception, une grande promptitude à se décider et une sorte d'intuition habituelle qui ne s'acquiert point et qui est le partage de certaines organisations. L'homme doué de ces avantages et qui sait avoir un œil ouvert un peu partout, peut marcher en toute sécurité.

Il est rare que les opérations bien conçues, calculées à distance et faites à propos ne réussissent point : Je ne parle bien entendu que des grosses opérations de longue haleine. Mais ceux qui achètent ou qui vendent sans trop savoir pourquoi, ou sur les bruits qui courent, et qui ne prennent pas le soin de sauvegarder leur position en cas de sans dessus dessous de Bourse ou d'événements imprévus, ceux-là finissent toujours par aller grossir la liste des désespérés dont je vais narrer les infortunes.

Entrez à la Bourse, regardez ce beau vieillard appuyé contre un pilier. Cet homme n'a pas quarante ans, et son front en porte soixante. Des pensées sinistres agitent son âme. Chaque jour, à la même place, cet homme se replie en lui-même et maudit le jour où il est entré dans le temple grec. Il semble par instant fléchir sous le poids d'une résolution désespérée : il pâlit, son corps tremble, ses yeux fixent le vide, sa bouche frémit

comme dans une convulsion : il est presque
médusé. Qu'a-t-il vu? Son bonheur passé, sa
fortune perdue, sa femme, ses enfants voués
à la misère. Les damnés ne souffrent pas
autant que lui en ce moment. Mais son courage reprend le dessus ; un effort de volonté
vient de faire contracter les muscles de son
masque énergique ; son œil s'illumine : l'espérance a soudain rasséréné ses idées. Il sort,
il hume l'air avec délice. Tout à l'heure le
ciel était sombre, noir, menaçant ; à présent
il est d'azur et le soleil resplendit. A quoi
pense-t-il? Il croit qu'il va gagner et que, la
chance revenant, il aura bientôt récupéré sa
fortune. Hélas! laissez-lui son illusion, et que
le ciel exauce son vœu.

A vingt ans cet homme était capitaine marin
et possédait un beau brick qui lui servait à
faire pour son compte personnel le transit
commercial entre les deux mondes. Ses voyages
furent heureux, ses spéculations commerciales
réussirent, il se voyait à trente ans riche de
vingt mille frans de rente. C'est alors qu'il

rendit son navire et qu'un mariage longtemps rêvé vint tripler sa fortune. Paris appelait les heureux époux ; ils y vinrent, et c'est là qu'il fut tenté par le jeu. Des amis le menèrent à la Bourse ; il fit comme eux par esprit d'imitation. Il spécula avec légèreté, sans vouloir suivre les conseils de prudence qui ne lui faisaient pas défaut, sans vouloir acquérir les connaissances financières qui lui manquaient. C'était trop d'ennui, et puis cela ne servait à rien. D'abord il fut heureux, et ce fut un malheur pour lui, car un revers pouvait l'amener à réfléchir. Bientôt il se crut un habile homme et il exposa des sommes folles qu'une seule liquidation engloutit. Il tenta de nouveau la chance et perdit ; il revint à la rescousse avec le bien de sa femme, mais, cette fois, avec plus de prudence, n'opérant que sur des chiffres raisonnables, mais s'opiniâtrant comme un démon à ne pas changer sa manière qui consistait à prendre toujours une position ferme. Un mois gagnant, trois mois perdant, le résultat de la première année fut une perte énorme. Que ne quittait-

il l'arène, meurtri mais non blessé à mort. Ah !
le démon du jeu le 'tenait bien ; il lui soufflait
sans cesse à l'oreille : — Pourquoi désespères-
tu ? Ne sait-tu pas qu'on retrouve toujours son
cours. Ignores-tu donc que telle chose se prépare et que la Bourse est mouvante comme
l'onde. Le reflux t'a fait rouler dans l'abîme ;
attends un peu, le flux te posera sur une vague
joyeuse qui te portera en te berçant jusqu'aux
rives fortunées que tu regrettes. Tu aurais
tort de quitter la partie dans un pareil moment. Et puis ce bien que tu as perdu ne
t'appartient pas : c'est le patrimoine de ta
femme, de tes enfants : tu serais lâche de ne
pas faire encore un effort pour le reconquérir.
Tournes-toi, regarde ces baissiers si joyeux hier
quand tu étais si triste : les voilà qui sont déjà
inquiets, qui s'interrogent, qui vont aux écoutes
des rumeurs qui circulent : ils flairent la hausse
qu'ils croyaient avoir vaincue et qui se relève.
La vois-tu qui essaie ses forces, qui bondit de
terre, qui les renverse du vent de ses ailes. La
hausse t'est fidèle. Allons, double, triple tes

opérations, c'est le cas de jouer gros jeu : tu tiens la chance, tu vas gagner. — Et le marin suivit ce conseil. Pendant trois mois la baisse l'avait étranglé, lorsqu'une hausse prodigieuse fit explosion, qui lui valut trois cent mille francs de bénéfices en liquidation. Sa joie tenait du délire. Le vertige le prit ; il joua tous ses bénéfices et se vit, le mois suivant, une différence de six cent mille francs à payer. Son enthousiasme tomba après cette désastreuse liquidation. Il joua pour jouer, sur de faibles chiffres, toujours s'obstinant à ne point se couvrir. Mais l'année se liquidait toujours en perte, et de perte en perte il arriva, en moins de dix ans, qu'il y perdit toute sa fortune. Il m'avouait dernièrement qu'il ne lui restait que vingt mille francs, sur lesquels il lui fallait prélever encore une grosse différence à payer. Quelle affligeante situation. Je vous le dis, dès que vous opérez sur de grands chiffres, ayez soin de recourir aux primes, cette soupape de sûreté, sinon vous risquez fort de vous endormir le soir millionnaire et de vous réveiller le matin complétement ruiné.

Cet homme n'était pas organisé pour jouer à la Bourse. S'il avait voulu changer de tactique, au lieu de contempler aujourd'hui sa ruine, il verrait sa fortune primitive triplée.

Un autre spéculateur m'invita un jour à la Bourse à venir passer la soirée chez lui pour me confier une affaire sur laquelle plusieurs de ses amis désiraient avoir mon avis. J'acceptai pour lui être agréable. Ce monsieur habitait une charmante villa à la porte Maillot. Le domestique qui vint m'ouvrir la grille me pria d'entrer un instant dans un salon du rez-de-chaussée, où il me dit d'un air presque suppliant :

— Ah ! monsieur, je vous en prie, préservez-nous d'un malheur.

Je regardai mon introducteur : sa figure vénérable annonçait un profond chagrin et comme une vague appréhension de terreur. Je lui dis :

— Si c'est pour cela qu'on m'a fait venir, et qu'il me soit possible de faire ce qu'on attend de moi, soyez certain, mon ami, que votre désir sera accompli.

— Vous êtes bon. Oh ! que je vous serai donc reconnaissant.

Et me faisant signe de le suivre, il me conduisit au bout du jardin, à la porte d'un pavillon hermétiquement fermé de toutes parts. Il frappa quelques petits coups secs sur la porte, que son maître vint ouvrir, lui faisant signe de se retirer.

Nous entrâmes dans une pièce bien éclairée où se trouvaient plusieurs personnages d'un âge mûr et portant tous ce cachet de distinction qui révèle l'homme bien né. Je m'assis à côté de mon introducteur qui, me prenant la main, me parla ainsi :

— Mon cher monsieur, je vais me confesser à vous : il m'en coûte, je l'avoue ; mais je connais l'homme à qui je m'adresse et je sais que je puis compter sur votre discrétion comme sur vos services.

Je m'inclinai en signe d'assentiment. Mon interlocuteur continua :

— Voici la chose. Je suis comte, veuf, et j'ai deux jeunes fils en pension qui n'ont pas à espérer d'autre patrimoine que celui que je leur laisserai. Je n'avais pour toute fortune que cette maison et neuf mille francs de rente en Trois pour cent. Comme tant d'autres j'ai voulu m'enrichir et j'ai joué à la Bourse où j'ai perdu non-seulement mes petites rentes mais encore cent cinquante mille francs que m'ont successivement prêtés mes meilleurs amis, ici présents. En me voyant ruiné et dans l'impossibilité de rembourser ce que je dois, le désespoir m'a pris, et j'ai voulu en finir par un coup de pistolet. Mais mon domestique m'avait vu faire mes préparatifs de mort et il avait eu le temps de prévenir mes amis qui vinrent mettre obstacle à l'exécution de mon funeste dessein. Pour me rattacher à la vie, ces messieurs m'ont forcé, c'est le mot, à accepter une quittance générale, et ils veulent encore m'avancer cinquante mille francs pour être employés à tenter une dernière fois la fortune. C'est d'une amitié et d'un dévouement rares, n'est-ce pas? Aussi, me défiant de mes capacités financières, n'ai-je pas voulu exposer moi-même cette somme, et je vous ai prié de venir pour vous l'offrir et vous prier de vouloir bien spéculer à ma place.

Un de ces messieurs, prenant la parole, ajouta :

— Et nous vous serons tous personnellement obligés, Monsieur, de vous charger des intérêts de monsieur le comte.

Le comte reprit :

— Je suis persuadé, cher Monsieur, que cette somme fructifiera mieux entre vos mains que dans les miennes. Vous connaissez la Bourse mieux que moi. Je sais que vous avez des relations avec les grands spéculateurs dont l'influence sur la place est décisive. Et puis vous connaissez à fond les affaires, ce qui est une garantie ! Je m'en rapporte donc entière-

3

ment à votre prudence et à votre habileté. Voic
la somme. Vous opérerez chez votre agent, en
votre nom, je vous donne procuration générale. Un pressentiment me dit que nous aurons
lieu d'être satisfaits l'un de l'autre.

J'avoue que j'étais indécis. Quelle responsa-
bilité j'allais prendre. Mais quelques instants
de réflexion me firent entrevoir la possibilité de
rendre service au comte. Je répondis :

— J'accepte, Monsieur le comte, comme on
accepte entre spéculateurs, et vous donne ma
parole de faire pour le mieux de vos intérêts.
Si je ne réalise pas un fort bénéfice, j'espère
au moins ne pas vous annoncer de perte. Je
serai prudent comme pour moi. Comptez sur
ma parole.

Le comte et ses amis parurent enchantés.
Ils me remercièrent avec effusion de mon obli-
geance. Je serrai les cinquante billets de mille
francs, et nous achevâmes la soirée en cause-
ries intimes.

Au moment de partir un des amis du comte

m'offrit une place dans sa voiture pour rentrer à Paris. J'acceptai. Mon compagnon, chemin faisant, me dit :

— Je désirerais, Monsieur, que vous voulussiez bien engager quelques affaires pour mon compte personnel. J'aurai bientôt un pressant besoin d'argent. J'ai des mémoires d'entrepreneurs à payer. Je n'avais pas perdu tout espoir d'un remboursement des sommes par moi avancées au comte ; mais comme je vois maintenant qu'il n'y faut plus compter, vous m'obligeriez grandement si vous pouviez me faire réaliser quelques bénéfices.

Je ne pouvais refuser. Je promis de faire tous mes efforts pour lui être agréable. Je le suivis dans son cabinet où il me remit cinquante mille francs avec force recommandations d'agir avec prudence et de n'en rien dire au comte ni à ses amis si jamais nous nous trouvions ensemble.

C'étaient des recommandations inutiles.

Le jour venu je pensai immédiatement à remplir mes promesses.

Je serai bien malheureux, me dis-je, si, avec cent mille francs de couverture, je ne parviens pas à réaliser un bénéfice notable. C'était dans les premiers jours de novembre dernier. L'horizon politique était toujours nuageux; du congrès, il n'en était pas question. La spéculation pataugeait dans l'incertitude. Une baisse effroyable pouvait arriver du côté de l'Angleterre, tout comme la moindre nouvelle d'un arrangement entre les puissances pouvait faire éclater la hausse. Mais le marché était désert; les affaires se traitaient difficilement. La coulisse, récemment supprimée, n'avait pas encore trouvé son équivalent dans les assesseurs, quoi qu'il en fût tous les jours question. Je résolus de convertir d'abord mes cent mille francs de billets en titres d'Emprunt dont six vingtièmes seulement avaient été payés. Je fis acheter 13,50 0 fr. ~~comptant~~ d'Emprunt au cours de 69 fr. 90 c. Je laissai ces titres en garantie chez l'agent, et lui passai l'ordre d'ache-

ter 300,000 dont un et de vendre 300,000 dont
dix sous avec un écart de 0,40 c. En cas de
hausse je devais gagner quarante mille francs;
en cas de baisse je devais surveiller attentivement les cours, les prévoir s'il était possible,
et vendre ferme sur ma prime dont un. Dans
ce cas, mon bénéfice pouvait atteindre un
chiffre considérable. Il pouvait encore arriver,
si la stagnation persistait, que la prime de dix
sous me fut abandonnée, et que je sauvasse
ma prime dont un. Dans ces trois hypothèses
j'entrevoyais, quoi qu'il arrivât, une défense
solide, et j'avais neuf probabilités contre une
de me liquider en bénéfice. Le ciel politique
resta le même : pas le plus petit orage, pas
le moindre rayon de soleil; sous le rapport
financier, le coupon! qui voulait dire : fermeté des cours ou hausse. En effet, la Rente
monta un peu : la réponse des primes fin du
mois se fit à 70 fr. 50 c. Le chiffre de quarante mille francs de bénéfice m'était acquis.

Je fis part séparément au comte et à son ami
de ce résultat, leur conseillant de laisser ce

bénéfice chez l'agent pour me permettre d'engager une grosse opération sur le coupon. Ils y consentirent. Soudain éclatèrent deux nouvelles : l'annonce officielle du congrès et les coups de canon de Tétouan. La dernière fit baisser la Rente de trente centimes, et vint bien à propos au secours des baissiers qui se voyaient débordés en liquidation. Je profitai de cette légère panique pour engager mes opérations fin décembre. Je préférai acheter ferme et vendre dont un. L'opération fut faite aux cours de 70,30 contre 70,75. La hausse partit le lendemain aux mots magiques de congrès et coupon. Le six décembre la Rente était à 71,40, et quelques jours plus tard la moitié du coupon était regagné; le Trois pour cent cotait 70,75. Mais ma confiance à la hausse n'était plus si vive. Je voyais surgir des impossibilités à la réunion du congrès. Je savais, d'autre part, que de grandes maisons écoulaient tout doucettement des masses de rentes. Je donnai ordre de vendre 13,500 fr. d'Emprunt comptant, et trois cent mille ferme. La Rente

commença bientôt à fléchir un peu, puis re-
monta, puis se tint sans grandes variations
jusqu'au 25. Les journaux parlèrent alors
de l'ajournement indéfini du congrès. Grande
panique ! Tout le monde veut vendre à la fois,
et les gros faiseurs ouvrent leurs écluses pour
accélérer la déroute. La réponse des primes
se fait à 69 fr.

Mon bénéfice était énorme et se défalquait
ainsi :

Prime dont un :	100,000 fr.
Coupon :	150,000
Bénéfice sur opération ferme :	45,000
Bénéfice sur l'Emprunt :	11,250
Bénéfice de novembre :	40,000
Total :	346,250

Je remis quelques jours après à chacun de
mes commanditaires 164,000 fr., déduction
faite des courtages de l'agent, plus 40,000 fr.
de leur couverture, en leur disant :

J'ai été heureux, vous le voyez, maintenant
j'ai un conseil à vous donner : c'est de me

permettre de n'opérer que sur de petits chiffres
jusqu'au prochain coupon. La situation pré-
sente est trop indécise. Laissez-moi seulement
dix mille francs en garantie des affaires que je
ferai pour vous.

Nous nous quittâmes très-satisfaits.

Il y avait trois semaines que je n'avais vu
ces messieurs. Un jour, en traversant la
Bourse, je vois le comte courir après moi. Il
était sous le coup d'une grande préoccupation.

— Que je suis aise de vous rencontrer, me
dit-il, venez à l'écart que je vous cause. Ah !
mon cher monsieur, si vous saviez ce qui
m'arrive... que le diable me confonde si je
recommence.

Je le suivis dans un angle obscur non
sans être beaucoup intrigué par ce début.

— Qu'est-ce ? lui dis-je.

— Je suis dans une position affreuse. Ima-
ginez-vous qu'après avoir reçu vos deux cent
mille francs, je n'ai rien eu de plus pressé

que d'aller, à l'insu de tous mes amis, les porter chez un agent pour lui donner un ordre. Je croyais à une reprise après la baisse du mois dernier ; je me suis donc mis à la hausse ; j'ai fait acheter 300,000 ferme à 69 fr. Mais voilà que l'encyclique vient de repousser la rente à 67 fr. Et c'est demain la liquidation. Comment me tirer de là ?

— Le temps nous manque ; pas moyen d'alléger votre perte. Le plus simple est d'en prendre votre parti et de payer.

Le comte maugréa contre lui-même et paya en liquidation un solde débiteur de 175,000 fr.

Je le revis deux mois plus tard, fin mars, pour lui remettre huit mille francs de bénéfices réalisés sur de petites opérations. Il me parut chagrin, ennuyé... Il me dit :

— Je ne puis pas rester dans cette situation. Je souffre trop. Je n'ose avouer à mes amis ce que j'ai fait. Reprenez ces huit mille francs, et avec les dix mille francs qui sont

restés chez l'agent, tâchez de me faire une
opération plus lucrative. Jouez-moi cette
somme à pile ou face, sur un coup de dés,
mais contre une chance de gain considérable...

— Pardonnez-moi, monsieur le comte, lui
répondis-je, l'observation que je vais vous
faire. Ne serait-il pas plus sage de vous contenter de deux à trois mille francs de bénéfice chaque mois, que vous pouvez obtenir
en opérant avec prudence, plutôt que d'exposer ainsi cette somme que vous pouvez perdre,
quand il vous reste déjà si peu ?

— Vous avez mille fois raison. Mais je
n'aurai de tranquillité qui si je récupère ma
perte de janvier. Ne me refusez donc pas vos
bons offices. Vous m'obligeriez à jouer moi-
même ces dix-huit mille francs ; je le ferais à
ma manière que vous n'approuvez pas, et je
courrais probablement neuf probabilités de
perte contre une de gain.

— C'est donc un parti pris ?

— Oui. Irrévocable... Vous ne vous faites

pas d'idée de mes tourments tant que je me sentirai si pauvre.

— C'est bien. Je ferai pour le mieux. Mais ne m'en voulez pas si j'échoue.

— Vous avez carte blanche. Je serai toujours votre obligé, car je suis persuadé que vous défendrez bien mes intérêts.

Comment faire? me disais-je en le quittant. La Rente ne m'offrait pas assez de mouvement pour une opération de ce genre. Mais elle était possible sur le Mobilier. L'assemblée générale allait avoir lieu ; selon que la situation de la société serait bonne ou mauvaise, nous aurions ou une grande hausse ou une grande baisse. On connaît les formidables enjambées de cette valeur quand elle secoue ses loques. Ma conviction, après de longues réflexions, fut pour la baisse. On n'avait pas donné de dividendes aux actionnaires depuis deux ans, et les éléments de succès de cette valeur étant considérablement diminués, il était probable que le dividende de l'exercice écoulé ne

serait pas fort si toutefois il y en avait un. Je
fis acheter 1,000 actions du Crédit mobilier
à 815 fr. dont 20 fr., et je les fis vendre
immédiatement à 800 fr. ferme. En cas de
hausse j'étais liquidé avec 15 fr. de perte par
action; je pouvais faire volte-face et me mettre
vivement à la hausse si elle s'annonçait sérieuse; dans ce cas je sauvais ma perte et je
pouvais encore réaliser un petit bénéfice. Mais
si c'était la baisse? Je l'espérais, et mes prévisions furent bientôt justifiées par le rapport
à l'assemblée générale. Le mobilier tomba à
662 fr. Je fis racheter à 680 fr. en moyenne
avec un bénéfice de 100,000 fr.

J'étais heureux d'avoir pu rendre encore ce
service au comte. Mais pourvu qu'il ne recommence pas!

Qui a bu boira; qui a joué jouera.

Ce proverbe est vrai pour ceux qui prennent
la Bourse pour un tapis vert. Ceux-là sont sans
frein et s'y ruineront toujours : ils s'entêtent

et ne raisonnent pas ; pour eux tout se résume, non dans le calcul et la réflexion, mais dans la bonne veine ou la mauvaise chance. Les hommes sérieux, à la Bourse, ne jouent pas : ils font des affaires, et qui dit affaires dit : invention, étude, prudence ! et non : hasard, témérité !

Règle générale : Quand vous avez été heureux, faites des économies, ménagez vos forces, n'exposez à nouveau qu'une partie de vos bénéfices. Quelle que soit votre fortune ne vous mettez jamais à cheval sur le ferme comme l'avait fait le comte. Ce jeu-là, malgré tout ce qu'on peut m'objecter, ne convient qu'aux princes de la finance. Qui s'y frotte s'y pique neuf fois sur dix. Nous défions toute la Bourse de nous montrer *un seul* petit spéculateur à découvert qui n'ait pas perdu à ce jeu-là une partie de sa fortune.

Mais, nous dira-t-on, les trois quarts des spéculateurs ne savent pas spéculer autrement. Le jeu des primes est si difficile !

En ce cas, restez chez vous, et confiez vos

4

affaires à un homme prudent, versé dans les affaires. Placez dans sa caisse trois mille, cinq mille, dix mille francs en comptes courants ; vous ferez de belles récoltes sans avoir la peine de labourer la terre ni le souci de vous inquiéter du temps.

Je pourrais citer bien d'autres histoires de Bourse, mais ces deux exemples suffiront à ceux de mes lecteurs qui sont étrangers à la Bourse pour leur donner une idée des angoisses des joueurs, des étonnantes péripéties du jeu, de ses dangers pour les esprits téméraires, comme des précieuses ressources qu'il y a à la Bourse de Paris pour les spéculateurs prudents et modérés.

Passons.

III

PRÉPARATION. — CHOIX D'UN AGENT ET D'UN ASSESSEUR.

Je n'admets qu'un spéculateur, celui qui spécule pour gagner; or pour gagner de l'argent à la Bourse, il faut y consacrer son temps et ses peines.

Je ne comprends pas que des négociants, des marchands, des entrepreneurs, des propriétaires, des rentiers, se donnent un mal d'enfer pour vendre leurs marchandises, diriger leurs ouvriers, surveiller leurs locataires, épargner leurs rentes ; qu'ils thésaurisent avec leurs besoins, qu'ils tempêtent dans leur ménage pour un verre cassé, et qu'ils fassent preuve d'une si grande insouciance quand il

s'agit de défendre leurs intérêts à la Bourse.
Je connais des individus qui suent sang et eau
pour pouvoir économiser quelques milliers de
francs, au bout de l'année, et qui regrette-
raient de passer une heure à étudier une situation qui peut les mettre en perte de plusieurs milliers de francs en quelques jours,
en quelques heures. Étrange et funeste aber-
ration de l'esprit humain. On regarde comme
un délassement, comme un passe-temps, la
chose la plus sérieuse du monde, et on expose
sans remords, au hasard, ce qu'on a mis tant
d'années à amasser et ce qui a coûté tant de
travail et de soucis.

A mes yeux ceux-là ne sont pas des spéculateurs ; ce sont des joueurs de la pire espèce,
des fous que leur famille devrait faire inter-
dire.

Et quand on pense que sur cinq mille spéculateurs qui font des affaires à la Bourse de
Paris, on peut, sans craindre de se tromper,
en classer quatre mille cinq cents dans cette
catégorie.

Le vrai spéculateur, le boursier pur-sang, suit une autre voie. Sans être docteur ès-lettres et ès-sciences, il a reçu une certaine instruction ; il possède un peu d'économie politique ; il connaît suffisamment les valeurs ; il a assez navigué entre la hausse et la baisse, sur cet océan perfide de la spéculation, pour savoir diriger sa barque en bon pilote. Pour lui la Bourse est le centre de gravité du monde ; toutes les puissances de son être convergent au milieu de la corbeille, et se réfléchissent, de là, dans tous les coins du globe d'où peut venir une nouvelle. Levé dès l'aube, son premier soin est d'absorber une douzaine de journaux. D'abord le *Moniteur* qui peut lui apprendre quelque intéressante communication du gouvernement, puis les feuilles semi-officielles qui passent pour être bien informées, le *Constitutionnel*, la *Patrie*, le *Pays* ; ensuite les journaux qu'on appelle de l'opposition, lesquels savent toujours avant les autres les mauvaises nouvelles. Après avoir parcouru les premiers-Paris, dévoré les dépêches télégraphiques, il jette ses regards sur les bulletins financiers. Quelques-uns sont indispensables à consulter, à cause de leur impartialité, de leur connaissance sérieuse du marché, de l'excellence de leurs renseignements, de la justesse de leurs vues : nous citerons le *Monde*, qui signe Crampon ; la *Gazette de France*, qui signe Serre ; la *Presse*, qui signe Lauvray, etc... Pour faciliter la digestion de ces lectures, le boursier s'empare des journaux étrangers. Grâce à ces énergiques condiments l'assimilation a lieu sans trop de fatigue, et son cerveau soulagé va se faire une idée nette de la situation. C'est l'*Indépendance Belge* qui commence, puis le *Nord*, le *Times* et ses confrères ; puis une feuille italienne, une feuille allemande, une feuille espagnole, une feuille chinoise si elle est récente. Cela fait, il rumine un instant, puis, son jugement arrêté, il s'empare de la cote qui doit lui servir de criterium.

La COTE (Saluez) ! passe pour être l'organe de la chambre syndicale. La *Cote* adore la hausse, et baisse tristement la tête quand la Rente fléchit. Elle a du patriotisme, de l'élan ; elle pousse à l'ascension des fonds publics. Quel malheur que sa puissance financière ne soit pas à la hauteur de son courage. Le Trois pour cent coterait 95 fr. et l'on s'arracherait les titres à ce cours.

Le vrai spéculateur est un fidèle abonné de la *Cote*.

Quant à ce cours de 95 fr. qui peut paraître paradoxal, dans la théorie financière que je publierai bientôt, je démontrerai qu'il doit être un jour le cours minimum du Trois pour cent ; et qu'il n'est pas si difficile qu'on le pense de soutenir la Rente à ce cours.

Lorsque le boursier a délicieusement savouré la *Cote*, il s'habille, il sort, déjeune, et arrive à onze heures sous le péristyle de la Bourse. Là, il cause, il interroge ; s'il est haussier il dit : « — qui m'aime me suive, en avant ! tout va bien ! La France a passé des traités d'alliance avec toutes les puissances ; on va signer la paix universelle ; nous entrons dans une ère de prospérité comme on n'en a jamais vue ; nos finances sont dans une belle situation ; l'argent abonde, on ne sait qu'en faire : je vois cinq francs de hausse sur la Rente ; c'est le moment d'acheter. » Et ses gestes, sa voix, sa physionomie expriment sa joie par une mimique des plus expressives. Il répète ces phrases sacramentelles à tout le monde. Que voulez-vous, il était acheteur, la Rente a monté et elle montera encore ; il faut qu'elle monte quand même. Il est heureux d'avoir prévu juste, et il exagère aussitôt le mouvement qui se dessine, afin que toute la Bourse se mette à acheter. Il faut bien enlever les cours pour lui permettre de vendre à propos. « — Dépêchez-vous, crie-t-il aux indécis, vous allez manquer le coche. » S'il est baissier, on le voit le chapeau sur les yeux, les mains dans les poches, la figure renfrognée, monter lentement les escaliers de la Bourse. Il lève les épaules, il branle la tête, il parle tout seul. Qu'avez-vous donc ? lui demandent ses amis sous le péristyle... « — Ah ! mon cher, répond-il d'une voix lugubre les affaires s'embrouillent. Avez-vous lu l'*Indépendance* et le *Times* ce matin ? Eh bien ! sachez que le czar et l'empereur d'Autriche doivent se rencontrer pour se dire bonjour, dans un mois, à tel endroit. Cette nouvelle est officielle. C'est pour s'entendre, c'est clair. Qui peut dire que le roi de Prusse ne se trouvera pas clandestinement à ce rendez-vous. Voyez-vous l'effet que produirait sur le monde une nouvelle sainte alliance. Une dépêche annonce que, la nuit dernière, la reine d'Angleterre a gagné un violent coryza ; S. M. éternue à chaque minute. Si l'inflammation allait gagner le cerveau, en voyez-vous les conséquences ? Et lord Palmerston qui s'est fait arracher une dent ; il y a fluxion ; le ministère anglais s'en préoccupe. Autre chose à laquelle vous ne pensez pas : savez-vous que la dette publique s'est, depuis huit ans, accrue de trois milliards, presque doublée ? Je tiens de bonne source que la rue Laffitte a vendu, que la place Vendôme et que la rue Richelieu font vendre. Faites-en votre profit, mon bon. » Et notre homme s'éloigne pour aller raconter les mêmes choses à un autre auditeur. Si la baisse est dans l'air, ces rumeurs semées aux quatre coins de la Bourse font leur effet. Ceux qui hésitaient à vendre se décident. La Rente peut fléchir de 50 ou de 75 centimes. A ce cours notre boursier rachète le double de ce qu'il avait vendu, et le voilà à la hausse. Vous le rencontrerez le soir au café Cardinal, au Cercle ou aux Italiens; il est joyeux; si vous lui demandez pourquoi, il vous répondra: « — Les journaux du matin étaient mal informés : S. M. la reine d'Albion se porte à merveille, et le voyage du czar est officiellement démenti : la Rente montera de trente sous demain, je vous le garantis. »

Voilà l'emploi du temps et la vie du vrai spéculateur. Celui-là fait de bonnes affaires à la Bourse, mais s'il gagne et prospère ce n'est pas sans peine.

Est-ce à dire que tout spéculateur doive l'imiter. Non. Faites seulement comme lui une étude sérieuse des nouvelles, mais ne vous amusez jamais à répandre de faux bruits, ou à exagérer ceux qui circulent, et n'inventez jamais de ces affreux canards qui feraient rougir le grand serpent de mer du *Constitutionnel* lui-même.

Une fois dans ces bonnes dispositions il vous faut choisir un agent de change qui se mettra, lui et ses assesseurs, à votre disposition.[1]

Ce choix a bien son importance. Il y a l'agent de change qui connaît bien les affaires, et celui qui les connaît à peine ; l'assesseur est dans les mêmes conditions. Pour être sûr d'avoir vos ordres exécutés au mieux de vos intérêts, je vous engage à donner la préférence à l'agent de change qui est depuis longtemps dans les affaires, ou à celui dont la capacité est bien notoire. Vous avez sans doute remarqué que, depuis quelques années, les charges changent souvent de titulaires. Les uns se dégoûtent du métier qui est trop fatiguant, les autres sont repoussés par la compagnie pour infraction à ses règlements, enfin quelques-une se retirent avec une fortune gagnée soit en revendant leur charge quelques centaines de mille francs plus cher, soit en reprenant leur mise de fonds sextuplée, décuplée rapidement par de beaux courtages. Ne croyez pas qu'il faille nécessairement être depuis des années titulaire d'une charge pour être capable. Tel agent de change nommé depuis trois mois était auparavant un associé anonyme de la charge, où il travaillait et faisait des affaires. Parmi les assesseurs donnez également la préférence aux plus sérieux et aux plus habiles. Il y a là d'anciens coulissiers que vous connaissez tous et qui vous rendront plus d'un bon service si vous les chargez de vos ordres. Ces renseignements pris, votre choix fixé, vous sentant disposé à bien étudier chaque jour les questions financières et la situation générale du pays, vous n'avez plus qu'à acquérir l'expérience de la Bourse, question capitale entre toutes, comme je vais vous le démontrer dans les paragraphes suivants.

IV

INFLUENCE DE LA HAUTE BANQUE ET DES GROS SPÉCULATEURS.

Le monde financier représente une vaste oligarchie qui a ses rois, ses princes, ses généraux et sa vile multitude taillable et corvéable à merci.

Les rois sont les Rothschild, les Fould, les Mirès et les grandes institutions de crédit.

Les princes sont la haute Banque et les grands capitalistes.

Les généraux forment cette intelligente petite Banque qui sert de trait d'union entre les Rothschild, la haute Banque et la multitude.

Quant au peuple financier vous le connaissez tous : c'est lui qui donne son temps, ses sueurs, son sang, sa chair, sa vie pour soutenir l'opulence et engraisser les rois et les hauts-barons qui le rongent.

En revanche, ces rois et ces hauts barons ouvrent à l'activité de la patrie commune les routes encore inexplorées du progrès, et déversent sur le peuple travailleur les immenses trésors de l'industrie et le bien-être.

Le peuple financier, c'est l'armée qui combat et meurt pour le triomphe de ses chefs et la gloire de son pays.

A défaut de lauriers pour les combattants de l'agio, quelques larmes s'il vous plaît.

Une pensée excite et soutient ces artisans de la finance, qui se jettent volontairement, de gaieté de cœur, au devant des dangers sans nombre qui surgissent à chaque instant sur le chemin de la fortune : l'espoir de rencontrer une bonne veine et de s'enrichir.

Mais, dans cette lutte inégale, le plus grand nombre se ruine et succombe à moitié chemin.

C'est dans l'ordre naturel des choses. Dans une bataille il tombe plus de soldats que d'officiers, plus d'officiers que de généraux, et plus de généraux que de rois.

Pourquoi se plaindre ! nul n'y songe, parce que, grâce à ce large fonds d'égoïsme qui existe dans le cœur humain, chacun s'imagine arriver au but en marchant sur son prochain. Ce n'est qu'une fois à terre, quand il se sent écrasé sous les roues sanglantes qui portent ses fétiches, que le soldat obscur de la spécu-lation se prend à regretter la vie paisible de son comptoir, et qu'un cri de malédiction contre ses seigneurs et maîtres, et de rage contre lui-même, s'échappe avec son dernier soupir de ses flancs mutilés.

L'influence de la haute Banque à la Bourse est souveraine. Elle fait le beau et le mauvais temps, la hausse et la baisse, et cela envers et contre tous, malgré le gouvernement lui-même. Le spéculateur qui pourrait être bien rensei-gné sur ce qui se décide dans ces hauts-lieux des affaires, et qui aurait assez de fortune ou de crédit pour opérer sur des millions, ferait chaque année trois ou quatre fortunes. Le spéculateur mal renseigné, qui a peu de crédit, qui vivote au jour le jour, qui croit être dans le mouvement parce qu'il étudie chaque matin les journaux et qu'il connaît l'opinion de la majorité à la Bourse, si ce spéculateur engage une opération sans rien savoir de ce qui se passe dans la haute Banque, il pourra arriver qu'il réussisse si la haute Banque ne fait rien. C'est même dans les probabilités. Mais vienne un ordre de la rue Laffitte, de la rue Richelieu ou de la place Vendôme, et que cet ordre soit dans le sens contraire à l'opération, la Bourse se retourne lentement, sûrement comme un navire qui se couche sur un banc de sable et qu'une vague violente va bientôt culbuter. Si c'est la hausse et que notre homme soit engagé à la baisse, il attend, sans se douter de la manœuvre qui s'exécute. La rente a monté hier de 50 centimes, aujourd'hui de 75 centimes. Il se dit que c'est 1 fr. 25 cent. de hausse que ne justifient ni les nouvelles politiques, ni la situation de place, si l'on se trouve au milieu du mois. Il faut attendre ; une réaction est probable, à moins d'événements. La Rente se soutient jusqu'aux derniers jours. C'est le cas de surveiller les cours et de guetter les nouvelles. Rien à l'horizon, rien devant soi et la hausse se soutient toujours. Diable ! qu'est-ce à dire ? se demande notre spéculateur. Bah ! allons toujours, la liquidation approche, les vendeurs de primes lâcheront leur ferme au dernier moment et feront bien descendre les cours. Un franc de hausse sans cause dans le mois, c'est 2 francs de baisse en liquidation. Patientons ! soyons ferme ! Il va aux renseignements, il interroge Pierre, Paul, qui sont aussi à la baisse ; personne n'a rien appris ; les affaires sont mortes : on doit baisser, on baissera. Point ! voilà que, tout à coup un beau jour, un quart d'heure avant le coup de cloche, le marché endormi se réveille. Tout le monde court ; on parle tous à la fois ; les agents de change ne suffisent pas aux ordres qu'on leur passe. On

achète à tout prix, après déjà 1 fr, 25 cent.
de hausse. Pourquoi ? y aurait-il de bonnes
nouvelles ? Oui, puisqu'on achète. Il y a des
boursiers qui croient toujours aux bonnes
nouvelles quand la Rente monte, et aux mauvaises quand elle baisse. La nouvelle nouvelle, la voici : Le secret avait été gardé sur
les achats successifs et fabuleux de la haute
Banque, ce qui avait provoqué la hausse et
maintenu les cours (ces messieurs savent ce
qu'ils font). Ce secret vient d'être divulgué à
l'instant, sur tous les points et *par ordre*, juste
la veille de la réponse des primes du mois.
O rage, ô désespoir des baissiers ! toutes les
primes seront levées. Voilà la course au clo-
cher qui commence : il faut se procurer à tout
prix la Rente vendue, et qu'il faudra livrer demain. Ils y vont bravement. Mais quel massacre ! Comme on les égorge sans pitié. Après
1 fr. 25 cent. de hausse en quinze jours, 1 fr.
50 cent. de hausse en liquidation. Total : 3 fr.
de perte qu'auront à payer les baissiers. Ils
comprennent que la résistance est impossible,

qu'ils sont trop faibles pour pouvoir peser sur les cours : ils achètent en masse. Le petit public qui était resté spectateur achète ; les haussiers achètent encore. La petite Banque se met de la partie et achète tant qu'elle peut pour revendre cher en liquidation aux baissiers attardés. Les cours bondissent de 25 cent. On se presse, on s'étouffe, on parle, on crie, on râle, on rugit comme des bêtes fauves, on blasphème comme des damnés; on joue des bras, des jambes, des yeux, de tout, pour pouvoir remettre un ordre ou se faire comprendre de son agent qui ne sait où donner de la tête. Enfin, la cloche sonne et met fin à ce vacarme. Les combattants se séparent. Des millions de rente ont été échangés en un quart d'heure. Quelle récolte de courtages pour messieurs du parquet. Quelques-uns sont joyeux, ils avaient leur clientèle à la hausse ; d'autres sont tristes ; leurs clients étaient à la baisse et ils se demandent *in petto* si tout le monde répondra à l'appel le jour du paiement des différences. Les remisiers se multiplient et ne sont pas sans inquiétudes, car ils sont responsables de moitié, les malheureux ! les assesseurs vont de l'avant en titubant comme des gens ivres ; les haussiers rient et les baissiers pleurent.

Touchant tableau de famille !

Mais patience ! à la fin de l'année chacun aura son tour, et rira bien qui rira le dernier. Les baissiers le savent ; ils sont de l'avis de Shakspeare : *Tout est bien qui finit bien.*

Voilà ce que peut faire la haute Banque quand elle a la certitude d'une nouvelle qui doit provoquer la hausse, ou lorsqu'elle a besoin de relever le Crédit public pour lancer une souscription d'actions de chemins de fer ou autres. Le secret est toujours bien gardé. Quelquefois les agents eux-mêmes ne soupçonnent rien, tellement les ordres sont fractionnés entre eux et transmis mystérieusement. Les achats se font peu à peu, par petits chiffres, durant plusieurs jours, excepté au dernier moment où il est nécessaire de produire une explosion qui entraîne la place et frappe au cœur le découvert. Les baissiers systématiques, qui ne laissent jamais derrière eux une petite porte ouverte à la hausse, se laissent bravement étrangler dans ces mouvements, heureux quand ils peuvent payer leurs différences et se faire reporter. Ce sont en général gens doués de beaucoup de patience, et qui ne se croient pas morts pour avoir été vaincus. Mais le spéculateur qui n'a pas ce stoïcisme ou qui manque de fortune se voit ruiné dans une telle bagarre. C'est un homme à la mer que nul n'ira repêcher. A celui-là nous venons tendre la main pour le sauver. Les autres n'ont pas besoin de nous.

Prenons le cas contraire, celui d'un spéculateur enthousiaste et naïf engagé à la hausse, et supposons que la haute Banque se tienne coi chez elle laissant la bourse se démener comme il lui plaît.

Notre homme a acheté vers le milieu du mois. La Rente a depuis monté de 60 centimes : il pourrait se liquider en bénéfices; mais non, la Rente doit monter encore; il aime mieux attendre. Je suppose toujours que ce spéculateur s'occupe sérieusement de sa situation, qu'il va aux nouvelles et qu'il étudie le marché. Mais s'il se trompe dans ses appréciations sur l'état de la place, s'il est trompé par ceux à qui il a été demander des renseignements. Cela se voit tous les jours. Notre spéculateur s'entête donc à la hausse jusqu'aux approches de la liquidation. La Rente fléchit de 20 centimes. Ce n'est assurément pas, se dit-il, le moment de vendre ; attendons au moins qu'on remonte au cours que j'ai laissé échapper. Malheureux ! es - tu sûr qu'on remontera ? Qui te le prouve ? n'y a-t-il pas plutôt des probabilités de baisse ? Voilà le *hic* de ces tristes quarts-d'heure de Rabelais à la Bourse. Les idées de notre spéculateur s'embrouillent. Ne croyez pas qu'il écoutera les conseils du bon sens qui lui parle ainsi : « Ceux qui vendent sont aussi habiles que toi ; ils sont forts et nombreux puisque la Rente fléchit sous leurs ventes ; d'autres vont les suivre et accélérer le mouvement : n'attends plus, vends ! tu perds, il est vrai, 20 centimes, dans une heure tu peux perdre 1 franc. » — « Non, non, se dit-il, j'attendrai, je veux au moins me liquider sans perte : on remontera bien de 20 centimes. J'en suis sûr ! » — Pendant ce temps les gros spéculateurs sont à l'affût ; leurs cent yeux d'Argus braqués partout ; il leur faut leur petite récolte de primes ; au moment favorable, ils poussent une charge à fond qui ébranle la Bourse ; ils jettent dans la corbeille des millions de rentes ; la masse des spéculateurs les imite ; la baisse se déclare. Notre pauvre haussier s'effraie : hier, il a refusé de prendre un bénéfice de 60 centimes ; tout à l'heure il n'a pas voulu se liquider avec 20 centimes de perte ; le voilà maintenant en perte de 1 franc. Il n'hésite plus ; il vend. Fait-il bien ou mal de vendre ?

Montaigne eût dit : que sais-je ? et Rabelais : peut-être !

Cela dépend de la situation. La baisse peut n'être qu'un effort des vendeurs pour faire abandonner les primes. Après la réponse, ils aideront la Rente à remonter pour vendre fin prochain de nouvelles primes. Dans ce cas notre homme, en sachant attendre encore, eût diminué sa perte. Il y a toujours une reprise après 1 franc de baisse factice comme celle-là. C'est ce qu'il est important de bien savoir et de retenir pour se défendre dans les moments critiques. Il pouvait vendre en liquidation ou se faire reporter si toujours sa conviction était pour la hausse. Mais les neuf dixièmes des petits spéculateurs manquent de tactique et d'inspiration dans ces grands mouvements. Étranglés par la baisse, ils quittent leur position de haussier qui était bonne à garder ; jugulés par la hausse, ils se font baissiers juste au moment où la hausse allait partir. Ils pataugent constamment et ils font tous en général une fin tragique.

Conclusion : Prendre une position mixte, à cheval sur la hausse et sur la baisse, dès qu'on voit se dessiner et se soutenir un mouvement que rien ne justifie. C'est une embuscade de la haute Banque ou des gros spéculateurs. Ouvrez l'œil et en joue des deux côtés.

Peut-être s'élèvera-t-il une voix pour me dire : « Si l'influence de la haute Banque et des grands spéculateurs exerce à la Bourse une telle portée sur les mouvements de la Rente, si les cours sont en quelque sorte dans leurs mains, s'ils jonglent avec comme les hommes des montagnes rocheuses avec les boulets, il est inhumain, anti-social, anti-politique de tolérer plus longtemps ces jeux cruels, car la ruine des petits spéculateurs est indubitable, certaine. Ce n'est plus une bataille qui se livre; c'est un égorgement en masse, un massacre *par ordre,* une hécatombe régulière qu'on offre au dieu Plutus et qui profite à ses prêtres. De même que les monstres de la mer, baleines, cachalots et requins, sont assurés, quand le besoin les y pousse, de se repaître tranquillement des myriades de petits poissons qui peuplent l'abîme, de même les géants de la Bourse n'ont qu'à vouloir, pour dévorer à leur aise les mirmidons de la Rente. Donc ce jeu est immoral; il faut supprimer la spéculation qui engendre de si grands désastres. » — Théoriquement vous avez raison peut-être; pratiquement c'est impossible : on ne peut pas présentement abolir la spéculation. Plus tard on pourra voir; mais notre civilisation actuelle n'est pas assez mûre pour oser seulement entrevoir la possibilité d'une telle réforme. Si vous chassez de la Bourse la spéculation, elle ira s'exercer ailleurs, et le mal, loin d'être guéri, deviendra plus grave. Car vous arracheriez plutôt l'écueil du fond de la mer que la spéculation du cœur d'un pays, que le jeu du milieu du monde. C'est une habitude devenue besoin, besoin exigeant, impérieux, qui domine l'homme même à l'état sauvage. Or, comme en toutes choses la spéculation boursière favorise toujours le plus habile ou le plus fort, et puisque nous devons fatalement la subir, il faut savoir l'accepter dans toutes ses conséquences. Lorsque de gros bataillons sont au service d'une idée, est-ce que cette idée, juste ou injuste, légale ou non, ne triomphe pas toujours? Pourrez-vous l'empêcher de triompher? N'est-ce pas le droit du plus fort qui devient loi? De même à la Bourse, pourrez-vous empêcher les grosses caisses qui regorgent d'or, cette chair coulante des nations qui n'a de force que si elle circule, pourrez-vous empêcher les capitalistes de chercher un emploi de leurs capitaux, par conséquent d'accaparer, et en accaparant de faire osciller le fléau de l'offre et de la demande, de produire la hausse ou la baisse des terrains, des récoltes, des richesses minérales, des produits manufacturés ?.. Puisqu'il faut absolument aux nations un jeu financier quelconque, mieux vaut mille fois que la hausse et la baisse s'exercent sur la Rente. La Bourse est donc l'indispensable déversoir de la fortune mobilière. Pour abolir la spéculation, il faudrait auparavant supprimer cette fortune mobilière et rembourser la dette publique en France. Qui oserait entreprendre une pareille liquidation ? Les moyens de la faire réussir ne sont pas encore connus.

Donc, puisque la civilisation nous en fait une nécessité, tâchons de vivre en paix avec le jeu, comme un cacochyme avec son asthme. Une infirmité est souvent une cause de longé-

vité, et il meurt moins de nations joueuses que
d'autres. Rappelez-vous Tyr, Venise, qui furent grandes et fortes tant qu'elles furent pos-
sédées de la spéculation; regardez l'Angleterre,
la nation mercantile par excellence, l'Améri-
que qui joue sa vie comme son argent, sont-ce
là des races abâtardies qui doivent mourir?
Non. Laissez-nous alors le stimulus qui fait les
grands peuples. *Qui ne hasarde rien n'a rien!*

V.

PHYSIONOMIE DE LA BOURSE DE PARIS.

La Bourse est le pandémonium du pan-théisme moderne, dont le seul dieu est l'Or.

Aujourd'hui, comme jadis, les fils d'Israël sont les sacrificateurs privilégiés du temple, et les enfants de Juda les gardiens fidèles et immuables du culte du veau d'or.

Cette nation mère, cette antique race hé-braïque étend ses bras sur les deux mondes ; elle a su plonger ses mains, enfoncer ses on-gles au cœur de chaque peuple ; elle tient la source vitale des nations, l'or, et elle donne ou refuse à son gré le mouvement, la vie, en ouvrant ou en fermant du doigt les artères frémissantes du corps social.

Elle est forte, aguerrie ; elle se sent proté-
gée ; elle règne : elle doit régner.

A moins qu'un Saül vengeur, un moderne
Moïse, l'âme échauffée par l'esprit du Sei-
gneur, descende de la montagne le front illu-
miné d'éclairs, les mains pleines de foudres,
et vienne renverser l'idole et foudroyer ses ado-
rateurs.

Israël, veillez ! les temps sont proches.....
peut-être !...

En d'autres termes, le royaume de la finance appartient aux juifs non-seulement en
France, mais dans toutes les grandes nations
du globe.

A la Bourse de Paris, nous voyons des juifs
banquiers : ce sont les plus puissants, les plus
riches ; des juifs agents de change, assesseurs,
remisiers, commis, spéculateurs, courtiers-
marrons ; des juifs français, allemands, anglais, de toutes les nations civilisées, mais tous
citoyens du royaume du change, grands ama-
teurs du grappillage et frères de l'écu.

La population boursière a sa hiérarchie qui

est formée de trois degrés ou castes, religion et nationalité à part.

La caste dorée, la caste intelligente et la caste souffre-douleur ou qui paie les pots cassés.

La caste dorée comprend les rois et les princes de la finance ; on la connaît : elle remue la Bourse, mais elle n'y vient pas. Inutile donc d'en parler.

La caste intelligente comprend la petite banque, les agents de change, les assesseurs, les associés dans les charges, les remisiers, les commis intéressés, les rédacteurs de journaux et de bulletins financiers, les grands spéculateurs, ajoutons en nous signant et les pêcheurs en eau trouble de la petite Pologne.

La petite Banque joue, mais peu à la fois et autant que possible à coup sûr, d'après ses aperçus financiers, ses calculs de probabilités, la connaissance qu'elle a des opérations des grandes maisons qui mènent la place.

Sur les agents de change et les assesseurs,

motus en fait de jeu ; les règlements le défen-
dent. Ils ont d'ailleurs trop d'esprit p our ne
pas se contenter des beaux courtages qu'on
leur octroie si généreusement. Les médisants
disent bien qu'ils vendent des primes du lendemain à 5 centimes d'écart, mais ne le croyez
pas. Quant à ceux qui se permettent de jouer
gros jeu, à découvert, la chambre syndicale
les exécute impitoyablement et les rejette aussitôt de son sein. Pourquoi aussi se sont-ils
laissés prendre.

Les associés ont le droit de jouer ce que
bon leur semble et ne s'en privent pas, car ils
le font à coup sûr. Aux bénéfices du jeu, ils
joignent les 15 ou 18 p. 0/0 d'intérêts que leur
rapporte leur mise de fonds dans la charge, et
quelques-uns cumulent encore 30 et 50 p. 0/0
de remise sur les courtages qu'ils procurent à
la maison. C'est sans contredit une brillante
position comme rapport. Mais quel déboire les
attend, maintenant que la justice a solennelle-
ment refusé de reconnaître les associations

pour l'exploitation d'une charge d'agent de change, si quelque cataclysme financier vient frapper la place. Supposons une faillite générale, la solidarité des agents entre eux, et des associés d'une charge avec l'agent n'existant plus, qui empêchera les créanciers des titulaires de se partager les épaves du naufrage à la barbe des associés? La loi ne reconnaît que le titulaire, et si le prix des charges (c'est chose possible enfin) tombe subitement de un million ou quinze cent mille francs, chaque associé risque de perdre entièrement son capital. C'est une question qui fera réfléchir plus d'un capitaliste qui serait tenté d'acheter une part dans une charge. Un désastre considérable d'agent de change est arrivé dernièrement; le déficit s'est élevé bien au-dessus des deux millions cinq ou six cent mille francs qu'avait coûté la charge, et le titulaire ne se trouvait intéressé que pour cinq cent mille francs ; il reste donc deux millions que la compagnie devrait payer, mais on dit qu'elle ne payera point, appuyant son refus sur l'arrêt de la Cour. Voilà donc la ruine des associés décidée en principe et en fait. Le parquet, qui a supprimé la coulisse, commence à se dévorer lui-même sans s'en apercevoir et pourrait bien se voir à son tour supprimé. Car si des faits pareils se reproduisaient souvent, l'État se verrait peut-être un jour obligé de confisquer à son profit le monopole des affaires de Bourse. N'envions donc pas trop le sort de ces messieurs; les bénéfices sont proportionnés aux risques de l'exploitation : rien de plus équitable.

Les remisiers ne sont pas assez lestés de billets de Banque pour pouvoir se livrer au jeu qui leur est, du reste, formellement défendu sous peine de se voir remerciés. Ils se contentent de gagner, quand ils le peuvent, 50 ou 100 fr. par jour sur les courtages de leurs clients, et ils font bien.

Les écrivains, les grands spéculateurs savent faire leurs affaires avec prudence et modération. Quant à la petite Pologne, c'est un engrenage indispensable de la machine. L'industrie lui doit un beau cierge. Si elle est quelquefois réduite aux expédients, c'est que les affaires languissent, et la vie coûte si cher à Paris. Souhaitons seulement chez elle un peu plus de dignité et de tenue. On y voit parfois des paletots si fripés, des chapeaux si crasseux, des figures incultes tellement patibulaires qu'on se prend à douter si l'on est bien dans l'élégante et aristocratique Bourse de Paris, capitale de la France, ou dans quelque château perdu au fond des bois et hanté par des escarpes.

La caste souffre-douleur, le prolétariat de la Bourse, se compose de l'immense agglomération des petits spéculateurs qui ont déposé chez leur agent de change trois mille, cinq mille, dix mille francs de couverture, et qui spéculent sur cet enjeu tant qu'ils peuvent, c'est-à-dire pendant un mois, un an, quatre ans, dix ans ; c'est je crois le plus long terme de longévité des boursiers de cette catégorie. Ceux qui ont fourni cette course décuriennale sont regardés avec le respect et l'admiration que nous portons aux centenaires. Mais tout dans ce monde, hélas! a une fin; s'ils ont duré plus longtemps, ils ont davantage souffert.

Ceux-là appartiennent à toutes les branches du commerce, depuis les marchands ambulants jusqu'aux négociants retirés des affaires après fortune faite ; il y a encore parmi eux des artistes, des savants, des agents d'affaires, des propriétaires, des ci-devant beaux à qui une famille millionnaire mais impitoyable a supprimé, pour cause, le budget. C'est bien Paris en miniature. Tout ce monde s'agite, court, parle, fait des affaires sans trop savoir où on le conduira; fier, joyeux, se croyant une capacité financière quand il gagne; doutant de son génie et triste a mourir quand il perd, car une perte est souvent pour lui une question de vie ou de mort. C'est le degré hiérarchique qui supporte les deux autres; c'est la clef de voûte qui laisserait crouler l'édifice si on l'enlevait; c'est la caste martyre qui souffre sans se plaindre; qu'on décime sans cesse et qui se renouvelle toujours, déposant sur l'autel du sacrifice l'épargne de la vieillesse, la dot des enfants et quelquefois jusqu'au pain de la famille, jusqu'à l'honneur du nom. C'est cette caste trompée, entraînée, opprimée, pressurée, routinière, inhabile, malheureuse à laquelle je dirai : Unissez-vous ! associez-vous pour mettre un terme à vos infortunes. En vous isolant vous êtes enlevés sans peine par les tourbillons ; en vous unissant vous résisterez aux plus terribles tempêtes et votre sort changera. Comptez vos morts dans le passé, regardez votre impuissance dans le présent, et comparez ce que l'association ferait de vous dans l'avenir. Si vous persistez à vous tenir séparés les uns des autres, c'est la ruine lente peut-être, mais sûre, inexorable, infaillible, qui saisira sa proie au jour et à l'heure marquée d'avance ; si vous changez de voie, vous deviendrez forts, puissants comme vos adversaires ; la lutte sera plus égale ; vous vaincrez ! alors à vous la richesse, à tous la joie et l'abondance. Le livre des désespoirs sera fermé.

7

Mais, me dira-t-on, si tout le monde gagne, qui est-ce donc qui perdra ?

O naïveté des naïvetés ! comme si, à ce grand banquet de la fortune publique, il n'y avait pas assez de restés pour les serviteurs de la maison ; comme si ceux qui ont fourni les mets de la table ne se trouvaient pas heureux qu'on eût donné ce festin ; comme si la joie n'était pas égale chez tous et le bien-être général. En vérité je vous le dis, si votre esprit ne comprend pas ces choses, vous n'êtes pas un fils de Juda, vous ne méritez point d'être admis dans Israël.

VI

DES OPÉRATIONS DE BOURSE.

Je suppose que tous mes lecteurs sont des spéculateurs, et je crois donc inutile de faire un long développement des opérations de Bourse que tous doivent connaître plus ou moins bien. J'en dirai cependant quelques mots, quand cela ne devrait servir qu'à les présenter d'une manière simple, précise, et à les graver plus sûrement ainsi dans la mémoire.

Il y a trois sortes d'opérations de Bourse : les opérations à la hausse, les opérations à la baisse et les opérations mixtes qui tiennent de la hausse et de la baisse.

OPÉRATIONS A LA HAUSSE.

La plus simple est celle-ci :

Première opération à la hausse.

J'achète 6,000 ferme et je vends 6,000 ferme. Je crois à la hausse, la Rente fait 70 fr. 30 c. J'achète 6,000 à ce cours. Une heure après ou un jour plus tard la Rente est à 70 fr. 75 c. Je vends mes 6,000 à ce cours et je me trouve liquidé avec 900 fr. de bénéfice, sur lesquels il faut déduire 80 ou 160 fr. de courtages : 80 fr. si l'opération s'est terminée le même jour où j'ai acheté ; 160 fr. si je n'ai vendu que le lendemain.

Les autres opérations à la hausse sont des combinaisons de *ferme et de primes*. Un mot sur les primes dans les opérations de Bourse.

Les définitions de la prime données par plu-

sieurs auteurs ne sont pas facilement compri-
ses par certains spéculateurs, qui, par conséquent, négligent cette précieuse ressource qui
est l'arme offensive et défensive des boursiers
intelligents. Voici une comparaison vulgaire
qui en donnera une idée juste.

Vous louez un appartement deux mille francs,
et vous donnez deux cents francs de denier à
Dieu, pour avoir le droit de casser le bail au
bout d'un mois, si cela vous plaît, sans que
le propriétaire puisse, de son côté, jouir du
même privilége. Voilà donc le propriétaire engagé pour un mois, pendant lequel il peut
trouver vingt fois à louer son appartement et
à le louer plus cher, tandis que vous, vous
avez le droit de refuser la location, au terme
convenu, moyennant l'abandon de vos deux
cents francs. Votre intention n'est pas d'occuper
cet appartement, mais de le sous-louer plus
cher et de bénéficier de la différence. Je suppose que vous trouviez à le louer à une autre
personne pour trois mille francs. Vous passez
un engagement avec cette personne, et, le jour

même ou à la fin du mois, vous prévenez le
propriétaire que vous gardez l'appartement
pour le prix de deux mille francs. Par ce
moyen en exposant deux cents francs vous
avez gagné mille francs. Mais dans le cas ou,
les loyers ayant subitement baissés, vous n'au-
riez trouvé que quinze cents francs ou mille
francs de l'appartement que vous aviez retenu
au prix de deux mille, vous en étiez quitte
pour abandonner les deux cents francs de denier à Dieu. Vous aviez sans contredit les
meilleures chances dans ce marché, car vous
n'aviez jamais que deux cents francs à perdre,
quand le propriétaire risquait d'en perdre
mille, deux mille. Or, la prime du jeu est une
sorte de denier à Dieu qui oblige le vendeur à
livrer la Rente à un franc, deux francs, trois
francs plus cher qu'il ne l'a vendue, et qui
permet à l'acheteur, si l'affaire devient mauvaise pour lui, d'annuler le marché moyennant
l'abandon au vendeur du denier à Dieu, de la
prime, soit un franc, dix sous, cinq sous ou
deux sous par unité de trois francs de Rente.

Remarquez que l'acheteur a un jour pour se défaire de la prime de deux sous appelée prime pour demain ; dix ou douze jours pour la prime de deux sous en liquidation ; et cinq ou six semaines pour les primes de un franc, de dix sous et de cinq sous.

Je reprends maintenant les opérations à la hausse.

Deuxième opération à la hausse

Je crois à la hausse, mais je crains qu'une nouvelle imprévue fasse fléchir la Rente de deux ou trois francs. Je veux limiter ma perte. Dans ce cas, au lieu d'acheter ferme, je préfère payer cinq ou huit sous plus cher, et je fais l'opération suivante :

Le ferme est à 70,30 ; les primes dont 1 fr. valent 70,60 : J'achète 6,000 à 70 fr. 60 c. dont 1, et j'attends.

Quinze jours, trois semaines se passent sans mauvaises nouvelles ; au contraire, une mesure financière vient rassurer les esprits. La

Rente monte à 71 fr. Je vends 6,000 à ce cours. Je suis certain d'être en bénéfice. Les cours ne varient plus. Le jour de la réponse je lève ma prime et je suis liquidé avec 800 fr. de bénéfice.

Troisième opération à la hausse.

Je vois encore la hausse, mais je crois tenir de bonne source qu'une grande maison a l'intention de vendre beaucoup de rentes pour faire un arbitrage et acheter des chemins qui sont en baisse et qui doivent monter incessamment. Nous sommes au milieu du mois. J'ignore si cette maison vendra ce mois-ci ou le mois prochain. Dans le doute je me dis : Si la vente a lieu ce mois-ci, et que je sois engagé à la hausse et acheteur de ferme, je perds 1 fr. 50 c., 2 fr. si la rente baisse jusque-là ; si la vente n'a lieu que le mois prochain, on peut faire 75 c. de hausse d'aujourd'hui à la liquidation. Mais je pense que cette vente aura lieu bientôt, et au lieu d'exposer une prime de un franc, je préfère n'exposer qu'une prime de dix sous. La Rente vaut 71 fr. ferme, la prime dont un 71,25 ; celle de dix sous 71,40. J'achète 6,000 à 71,40 dont dix sous.

Deux jours après a lieu la vente que je craignais ; la Rente baisse de deux francs et ne bouge plus. J'en suis quitte pour perdre dix sous, tandis que j'aurai perdu un franc si j'avais acheté dont un, et deux francs si j'avais acheté ferme.

Quatrième opération à la hausse

Nous sommes dans le milieu du mois ; il y a peu d'affaires ; les cours varient de 10 ou 15 c. chaque jour. Tous les spéculateurs sont engagés et attendent un signal pour entamer d'autres opérations. Une rumeur circule en Bourse. Le *Moniteur* de demain dit-on, contiendra un décret favorable attendu depuis long-temps. La hausse doit éclater demain. Je n'en suis pas sûr ; je crains de m'exposer si j'achète du ferme : par prudence j'achète 6,000 dont deux sous pour demain. Si la hausse vient, je lève ma prime et je vends dessus; si au contraire c'est la baisse ou le *statu quo,* j'abandonne deux sous, et je me liquide avec 200 fr. de perte sans courtage.

Cinquième opération à la hausse.

Le mois commence. Je veux bien engager une opération, mais j'ai à m'absenter et je ne veux pas venir à la Bourse tous les jours. Je crois à la hausse ou à la stagnation , sans voir la plus légère probabilité de baisse. Alors j'achète 6,000 ferme à 70 fr. 60 c., et je vends 6,000 à 71 fr. dont un franc. Si la rente monte beaucoup je ne gagne que 800 fr. ; si elle reste immobile ma prime est levée et j'ai le même gain ; si elle baisse je ne commence à perdre qu'à partir de 69,60 c. Je puis être tranquille. La stagnation persiste jusqu'en liquidation ; je suis levé à partir de 70 fr, : J'ai gagné 800 fr. en n'allant qu'une seule fois à la

Bourse, sans avoir été dérangé de mes voyages ni de mes affaires.

Sixième opération à la hausse.

Le mois commence encore, et je ne veux pas être assujetti à venir tous les jours. Il y a cette fois de très-grandes probabilités de hausse. Pas de stagnation, la Rente doit monter, monter toujours. J'achète 6,000 ferme à 70,75, et je vends 6,000 à 71,75 dont dix sous. J'ai un franc d'écart, et, si mes prévisions de hausse se réalisent, je gagne 2,000 fr. Mais si la baisse vient on ne m'abandonne que dix sous ; je commence à perdre à partir de 70 fr. 25 c. Si la hausse s'arrête à 71 fr. je gagne dix sous de prime, et je revends mon ferme avec cinq sous de bénéfice, ce qui ne fait que 1,500 fr. de gain. Il est bien entendu que si une baisse sérieuse se déclare, ma prime ne me dédommage pas de ma perte. IL EST DONC PRÉFÉRABLE, QUAND ON A UNE CONVICTION PROFONDE A LA

HAUSSE, D'ACHETER SIMPLEMENT UNE PRIME DONT UN OU DONT DIX SOUS, ET D'ATTENDRE.

Attendre, toute la sagesse humaine est dans ce mot. Cela est vrai à la Bourse comme ailleurs.

Septième opération à la hausse.

Ma conviction n'est ni pour la hausse ni pour la baisse, mais pour l'immobilité : la Rente doit tourner dans un cercle de 1 fr. ou 1 fr. 50 c. pendant tout le mois qui commence, du moins c'est ma conviction. Je veux m'assurer des garanties en cas de baisse, tout en m'engageant un peu à la hausse et en comptant sur la stagnation pour réaliser un bénéfice. La Rente vaut 70 fr. 10 c. ferme ; 70 fr. 30 c. dont un, et 70 fr. 70 c. dont dix sous. J'achète 6,000 à 70 fr. 30 c. dont un, et je vends de suite 6,000 à 70,70 dont dix sous. Si la réponse des primes se fait à 70 fr. 50 c., je lève ma prime dont un et je suis levé de ma prime dont dix sous. C'est comme si j'avais acheté ferme à 70,30, et vendu ferme à 70,70. Je gagne 40 c., soit 800 fr.

OPÉRATIONS A LA BAISSE

C'est la contre-partie des opérations à la hausse.

Première opération à la baisse.

La Rente a monté de 1 fr. 50 c. en liquidation parce que toutes les primes ont été levées, ce qui a forcé le découvert de racheter et a entraîné de fortes exécutions. La Rente est à 71 fr. 50 c. Ce cours me semble exagéré et insoutenable. Je vois la baisse et je vends 6,000 ferme.

Quelques jours se passent, les exécutions sont finies. La Rente tombe peu à peu à 70 fr. 25 c. A ce cours je rachète 6,000 ferme. Je suis liquidé avec 2,500 fr. de bénéfice.

Deuxième opération à la baisse.

La Rente n'a pas varié depuis plusieurs jours. La Bourse est en pleine stagnation. On

8

me dit que X... vient de recevoir une dépêche de Londres qui lui annonce que la Banque demain élèvera son escompte de 1/2 p. 0/0. Les consolidés anglais fléchissent déjà ; ils peuvent venir en baisse de 1/4, de 3/8 ; la Bourse de Paris baissera par contre-coup. J'achète 6,000 à 70,45 dont deux sous pour demain, et je vends 6,000 ferme à 70,30. Le lendemain la Rente tombe à 69 fr. 50 c. Je rachète 6,000 ferme à ce cours ; j'abandonne ma prime de deux sous qui n'était qu'une sauvegarde contre la hausse, et je me trouve liquidé avec 1,600 fr. de bénéfice.

Troisième opération à la baisse.

Nous sommes aux approches de la liquidation. La Rente s'est soutenue et a plutôt monté que baissé pendant tout le mois. Je sais que de grandes quantités de primes ont été vendues ; presque toutes sont atteintes, quelques-unes débordées. Rien à l'horizon, rien de la haute Banque qui puisse indiquer un prochain enlèvement des cours. Le marché restera abandonné à lui-même ; la position de place dominera en liquidation. Cette position veut qu'on baisse pour faire abandonner les primes. La Rente vaut 70,50 ferme, 70 fr. 65 c. dont dix sous. J'achète 6,000 à 70,65 dont dix sous, et je vends 6,000 ferme à 70 fr. 50 c. Le jour de la réponse des primes, chacun se débarrasse de son ferme et la Rente fléchit à 69 fr. 15 c. Je commence à gagner en baisse à partir de 70 fr., déduction faite de ma prime de dix sous que j'abandonne. Je rachète 6,000 ferme à 69,15, et je suis liquidé avec 85 c. de bénéfice, soit 1,700 fr.

Quatrième opération à la baisse.

Le mois va finir ; la Rente est en hausse ; mais je crois qu'elle fléchira le mois prochain et que la baisse persistera. Je pourrais vendre fin prochain ferme au cours de 70,50. Je préfère vendre des primes avec un grand écart. Je donne l'ordre de me vendre fin prochain

6,000 à 71 fr. dont un, 6,000 à 71, 45 dont dix sous, 6,000 à 71, 85 dont cinq sous. La Rente fléchit, puis elle remonte fin prochain à 70 fr. 50. Je gagne dix sous sur la prime dont un, plus la prime entière de dix sous et la prime entière de cinq sous, ce qui me liquide avec un bénéfice total de 2,500 fr. Si la réponse des primes se fut faite à 70 fr. je gagnais toute la prime dont un, soit 1,000 fr. de plus.

Cinquième opération à la baisse.

Le mois commence, je n'ai pas d'opérations d'engagées. Ma conviction est pour la stagnation, mais je vois un peu de baisse à la fin du mois. Je ne veux pas m'engager encore. La Rente varie chaque jour de 15 à 20 centimes. Le ferme étant à 69,75, je vends 6,000 à 69,85 dont deux sous pour demain. Le lendemain cette prime de deux sous m'est abandonnée au cours de deux heures parce que le ferme ne vaut encore que 69,75. Je réitère cette opération pendant huit jours avec le même succès.

J'ai gagné 1,600 fr. sans payer un seul courtage.

Sixième opération à la baisse.

Je veux engager une opération de longue haleine pour m'aguerrir. Je crois à la baisse. Je vends chaque jour 3,000 dont un et j'achète 3,000 dont dix sous avec un écart moyen de 25 centimes. Je me vois, la veille de la réponse des primes, acheteur de 60,000 à 70,75 dont dix sous, et vendeur de 60,000 à 70,50 dont un. La Rente baisse ; la réponse se fait à 69,50. J'abandonne la prime de dix sous et je gagne la prime dont un, autrement dit je gagne dix sous sur 60,000, soit 10,000 fr. En cas de hausse je perdais 5,000 fr., comme aussi, la réponse se faisant à 70 fr., je me voyais liquidé sans perte ni gain, avec 800 fr. de courtages à payer.

La même opération peut se faire en achetant la prime de cinq sous, et en vendant la prime de dix sous. Remarquez bien que l'écart entre ces dernières primes, lequel constitue votre perte en cas de hausse, est toujours plus grand qu'entre la prime dont un et la prime de dix sous. Il est vrai que vous vendez plus cher et que vous avez plus de chance de vous voir abandonné.

Les derniers jours du mois cette opération peut se faire en achetant dont deux sous en liquidation, et vendant dont dix sous ou dont cinq sous.

OPÉRATIONS MIXTES.

Je ne crois ni à la hausse ni à la baisse. Je n'ai pas de conviction sur ce point; je ne veux pas en avoir; je serais cependant bien aise de profiter de l'une et de l'autre, alors je prends une position à cheval et je fais une opération mixte.

Première opération mixte.

Le ferme vaut 70,40, et la prime de dix

sous 70,75. J'achète 6,000 à 70,75 dont dix sous, et je vends 3,000 ferme à 70,40.

La Rente monte le surlendemain à 71,40. Je vends 3,000 ferme à ce cours. J'attends. Huit jours plus tard une panique fait baisser la rente à 69 fr. J'achète 6,000 ferme. J'ai donc fait deux opérations de ferme sur ma prime. Je gagne d'un côté 2 fr. 40 c. sur 3,000, de l'autre 1 fr. 40 c. sur 3,000, et ma prime reste intacte. Une reprise a lieu ; le ferme remonte à 70,40. Je vends 6,000 ferme à ce cours, certain, si la hausse éclate, de liquider cette dernière opération avec 35 c. de perte puisque je suis acheteur à 70,75 dont dix sous, certain encore, si la rente retombe à 69 fr., de faire une nouvelle et bonne opération de ferme sur ma prime. Mais la rente ne varie plus. Je perds 35 c. d'un côté, je gagne 1 fr. 90 de l'autre, soit 1 fr. 55 de bénéfice net sur 6,000, ce qui me donne 3,000 fr. de gain.

Cette combinaison est excellente, soit qu'on veuille limiter sa perte, soit qu'on veuille profiter des variations de la Rente pendant le mois.

Deuxième opération mixte.

J'achète 6,000 ferme à 70,40, et je vends 12,000 à 70,80 dont dix sous. Je suis donc vendeur de 6,000 à découvert. Je puis patienter. En effet, si la hausse se déclare, comme, d'une part, je gagne 40 c. sur 6,000, je ne commence à perdre sur mon ferme, en hausse, qu'à partir de 71 fr. 20 c. Si c'est la baisse, j'ai 1 fr. de garantie puisque j'ai vendu le double dont dix sous ; je ne commence à perdre qu'au cours de 69,40. La Rente peut tourner longtemps dans ce cercle avant de prendre une allure décidée. Attendez. Aux derniers jours la position de place se dessinera et vous verrez alors si vous devez racheter du ferme ou vendre celui que vous avez.

Cette opération demande de très-grands développements, dans lesquels je n'entrerai pas. Dans les brusques variations de la Rente, elle donne lieu à une infinité de manœuvres pour atténuer la perte du ferme. Elle ne peut réussir que proposées sur de grands chiffres et faite par des hommes ayant une grande expérience de la Bourse. Cette opération est le grand cheval de bataille du maréchal des primes et de ses lieutenants. Je ne la conseille pas aux petits spéculateurs : ce serait leur rendre un mauvais service.

J'ai expliqué les principales opérations de Bourse, celles que chaque petit spéculateur doit connaître. Il y en a beaucoup d'autres, mais ce serait vouloir embarrasser l'esprit de mes lecteurs que de les leur expliquer. Celles que j'ai écrites suffisent à la majorité. Je dirai seulement que j'ai résolu et formulé, dans un ouvrage manuscrit, de nombreuses combinaisons d'opérations de Bourse. Quelques-unes, de formidables opérations à la hausse, donneraient une puissante impulsion aux fonds publics.

VII

MOYEN DE SE FAIRE 6,000 FRANCS DE RENTE
AVEC UN CAPITAL DE 5,000 FRANCS.

Me voici arrivé au point le plus capital de ce livre. Tous les chapitres qui précèdent ne sont que des préliminaires indispensables à connaître et à bien étudier chaque jour pour pouvoir bien appliquer dans la pratique ce : **GRAND ART DE GAGNER A LA BOURSE SANS RISQUER SA FORTUNE.**

Je prend pour exemple celui d'un homme qui veut se faire 6,000 fr. de rente avec un capital de 5,000 fr.

Je suppose ce spéculateur riche de cent mille francs ; c'est beaucoup et ce n'est rien, selon qu'on se place à tel ou tel point de vue. Je suppose encore que cet homme est dans l'impuissance de s'ouvrir une autre carrière ; je le suppose chef de famille, ayant femme et enfants en cours d'éducation. Ce n'est pas assurément avec cinq mille francs de rente qu'il pourra vivre à Paris et élever convenablement sa famille. Il veut donc à toute force augmenter ses revenus. Il cherche autour de lui quel moyen il pourra employer pour réaliser son rêve ; il n'en trouve pas qui lui sourie ; mais il a entendu parler de la Bourse comme d'un pays où l'on a qu'à se baisser pour cueillir de l'or ; il se dit que c'est juste ce qu'il lui faut, et il se prépare à jeter les dés.

Bien malvenu serait dans ce moment l'homme qui voudrait le dissuader de son projet. Pour quiconque connaît le caractère des joueurs, il y aurait folie à l'entreprendre. Mais puisque ce malheureux veut absolument se

jeter à l'eau sans savoir nager, devant l'impossibilité de le retenir, je crois devoir lui rendre
un bon service en lui disant de se laisser guider
par moi pour l'empêcher de se noyer.

Le voilà prêt. Il a puisé quelques notions
dans les livres ; il a étudié la situation pour se
faire une opinion sur la hausse et sur la baisse.
Que fera-t-il ? Sur quoi opèrera-t-il ! La Rente
vaut-elle mieux que le mobilier, ou le mobilier que la Rente ? Faut-il opérer ferme ou à
prime ? Vaut-il mieux vendre qu'acheter ?

Questions redoutables. Sphinx terrible qui
l'épouvante. Il hésite. Il voit tous les dangers
de la lutte qu'il va engager. Quelle joie s'il
frappe juste, mais quelles angoisses s'il se
trompe.

Le voilà regrettant presque de s'être aven-
turé sur ce champ de bataille ; mais l'image de
sa famille passe devant ses yeux : « Il le faut ! »
s'écrie-t-il. Le voilà lancé. En avant ! et il écrit
ou il dit deux mots à voix basse à son agent
de change. Le pacte est signé entre la Bourse
et lui. Satan tient son âme et ne la lâchera

point de sitôt. Ces deux mots qui enchaînent
cet homme au démon du jeu, les voici :

ACHETEZ ! VENDEZ !

Dans un mois, l'agent de change ajoutera de sa
main au bout de ces deux mots : Vous me devez
cinq mille francs, ou : je tiens à votre disposition deux mille francs. Deux mille francs !
comment donc les a-t-il gagnés? Cinq mille
francs ! comment donc les a-t-il perdus? Voici :
Il a vécu un mois pendant lequel son cerveau
surexcité a vu dans un vertige la Rente tantôt
monter, tantôt descendre. Si le mot dit tout
bas était : ACHETEZ! chaque fois que la Rente
montait son cœur bondissait de joie, tout était
beau dans la nature, tout était bien dans le
monde. En rentrant au foyer son bonheur
éprouvait le besoin de se communiquer aux
autres, il fallait que chacun fût heureux. La
nuit des songes d'or venaient charmer son sommeil, il entrevoyait la fortune, sa famille na-
geait dans l'opulence. O entraînement des en-

traînements ! Mais si le mot dit tout bas était :
VENDEZ ! quand la Rente montait quel serrement
de gorge, quel déchirement du cœur, quels
sifflements aigus dans la tête, quelles craintes,
quelles angoisses, quel désespoir horrible.
Perdre ! Perdre quand il a tant besoin de gagner. Cette pensée l'accable, des idées de des-
truction l'obsèdent, il s'agite et parle comme
en démence. Pâle, sombre, farouche, il rentre
chez lui, reste muet, s'irrite si on l'interroge,
devient furieux si on le presse de parler. Tout
va mal. C'est en vain qu'on le prie de soutenir
ses forces en prenant un peu de nourriture ;
c'est en vain qu'il demande au sommeil l'oubli
de ses tortures. Si ses yeux convulsifs et atones
à la fois se ferment un instant, le cauchemar
s'endort avec lui. Il se voit avec les siens ré-
duit à la misère ; il cherche et ne trouve pas ;
il demande, implore, supplie, et on le repousse.
Il souffre, pleure, sanglote et se réveille en
sursaut le front inondé de sueur, la tête fati-
guée, les membres rompus. Malgré cet état
d'accablement il se sent heureux d'être ré-

veillé ; il pousse un soupir de satisfaction :
la réalité n'est pas si terrible que le rêve. Il
raisonne : « Non, dit-il, je n'irai pas si loin ; je
m'arrêterai à ma première perte. » T'arrêter ?...
Pauvre insensé ! Non, non, tu marcheras aujourd'hui, demain, toujours, jusqu'à ce que
le souffle te manque, jusqu'à ce que ta voix ex-
pire sans pouvoir appeler à ton aide, jusqu'à
ce que les points d'appui que tes mains auront
saisis t'échappent, jusqu'à ce que tes yeux, ha-
gards, se ferment d'horreur devant le gouffre en
entendant une voix terrible te crier d'en haut,
comme à Claudius : *Désespère et meurs !*

Voilà par quelles transes cet homme a dû
passer pendant un mois pour arriver à ce terrible quart d'heure des différences à payer ou à
recevoir. Oh ! plaignez-le s'il a perdu ; ne lui
portez pas envie s'il a gagné. Jamais désir de
Tantale, jamais travail de Sisyphe n'égala le
sien.

Je reviens à la prose familière qui convient
aux chiffres.

Voici les conseils que je donne au petit spé-

culateur qui, après avoir déposé chez son
agent de change 5,000 fr. de couverture, se
dit : je veux faire fortune avec cette somme, et
qui se prépare sérieusement à spéculer pour
se faire 6,000 fr. de rente avec un capital de
5,000 fr.

Qui veut voyager loin ménage sa monture.

Qui veut se soutenir à la Bourse et récolter
chaque mois un bénéfice doit d'abord se bien
pénétrer de ceci : à savoir, que l'homme prudent, qui ne peut offrir en garantie de ses opérations, et qui ne veut pas s'exposer à perdre
plus de 5,000 fr., ne doit engager que des
opérations mixtes, à cheval sur la hausse et
sur la baisse, s'il est décidé à opérer sur le
chiffre de 6,000 ou de 12,000 fr. de rente.
Mais si les combinaisons de cette nature l'ef-
fraient, si enfin il préfère acheter et vendre
ferme comme chose plus facile pour lui, qu'il
prenne alors pour base de ses opérations le
chiffre de 1,500 fr. de rente, de 3,000 au

plus, crainte, s'il se trompe en opérant sur
6,000 ou 12,000 fr. de rente ferme, de se voir
enlevé par un tourbillon et dans l'impossibilité
ensuite de fournir une nouvelle mise pour pou
voir se récupérer. Allez doucement, contentez-
vous d'acheter ou de vendre 1,500 fr. de
rente. Cette première opération liquidée, r e-
commencez sur le même chiffre. La science de
la Bourse ne consiste pas à réaliser un gros
bénéfice d'un seul coup ; il faut penser que si
vous vous mettez dans ce cas vous courrez
aussi bien la chance de réaliser une grosse
perte, de vous voir exécuté. Songez que les
petits bénéfices accumulés jour par jour en
font de gros à la fin du mois, et que si vous
faites un jour une perte, elle sera petite ; que
vous pourrez la supporter ou cesser d'opérer
pendant quelques jours pour attendre tranquillement que votre cours revienne. Ces deux
principes admis, passons à leur application.

Le mois commence ; je veux engager une
opération mixte et travailler dessus autant
qu'il me sera possible. Le 2, j'achète 12,000 fr.

de Rente à 69 fr. 80 dont dix sous, et je vends en même temps 6,000 ferme à 69 fr. 50 c. Le 4, le ferme tombe à 69 fr., je rachète 6,000 ferme avec 50 c. d'écart ou 1,000 fr. de bénéfice, et je reste acheteur de 12,000 dont dix sous. Je crois que cette réaction sera suivie d'une reprise qui me permettra de me remettre vendeur de 6,000 ferme dans les cours de ma prime, à 69,50 ou à 69 80. Je voudrais bien entrer dans le mouvement de cette reprise en me faisant acheteur; mais, par prudence, je ne veux pas acheter du ferme. Si j'achetais 6,000 dont deux sous pour demain? Ce n'est jamais que 200 fr. que j'expose; je puis le faire : ne viens-je pas de gagner 1,000 fr. J'attends jusqu'à la fin de la Bourse pour voir quelle direction prendra le marché. La rente remonte de 69 fr. à 69 fr. 10 c. J'écoute ce qui se dit : La majorité voit une reprise. Beaucoup de vendeurs à 69 fr. 50 c. n'ont pas encore racheté, mais ils semblent décidés à le faire du moment que le cours de 69 ne sera pas décroché, et plusieurs veulent

se doubler en hausse, c'est-à-dire racheter le
double de ce qu'ils ont vendu pour faire d'une
pierre deux coups. Ces dispositions de la place
m'encouragent. J'achète 6,000 à 69 fr. 25 c.
dont deux sous pour demain. Un peu avant
trois heures les vendeurs s'ébranlent ; tous ra-
chètent ; la Rente ferme à 69 fr. 35 c. Je suis
déjà en bénéfice de deux sous sur ma prime.
Faut-il vendre? Faut-il attendre à demain?
Nul ne sait ce qui peut arriver cette nuit. Bah!
attendons, j'ai pour moi neuf chances contre
dix. Le 5, la rente ouvre à 69 fr. 40 c. et
monte à 69 fr. 60 c. Je vends 12,000 ferme à
ce cours ; 6,000 sur ma prime de deux sous
que je lève, ce qui me donne 35 c. ou 700 fr.
de bénéfice, et 6,000 sur ma prime de dix sous
fin du mois. J'attendrai un peu de baisse pour
racheter ces 6,000 ; si elle ne vient pas, ou si la
hausse éclate, n'ai-je pas ma prime pour payer
ces 6,000 vendus ferme, et ne me reste-t-il pas
encore 6,000 dont dix sous pour profiter de la
hausse. Patience ! Le 6, le 7, le 8, pas de mouvements : la Rente varie entre 69,70 et 69,45.

Il est sage de ne rien faire et d'attendre. Le 9, les journaux du matin annoncent l'augmentation de l'effectif de l'armée ; la Bourse s'émeut, elle est extraordinairement pessimiste, et, dans cette mesure, elle voit surgir des complications politiques. Les agents arrivent tous avec des ordres de vente : la Rente tombe à 69 fr. 15 c. Je rachète 6,000 ferme à ce cours avec un écart de 45 c. ou 900 fr. de bénéfice. Je me suis peut-être un peu trop précipité de vendre ? En effet, le cours de 69 fr. est décroché ; la Rente ferme à 68 fr. 85. La baisse paraît sérieuse... aujourd'hui. Mais la Bourse est si changeante. Quoique les prévisions soient pour la baisse, je me dis qu'on a déjà pas mal baissé pour cette belliqueuse nouvelle, et, comme j'ai réalisé un troisième bénéfice, je puis bien encore exposer deux sous pour demain pour me mettre à la hausse. J'achète sur le marché des assesseurs 6,000 à 69 fr. dont deux sous. Dans les grands mouvements de baisse ou de hausse, l'écart de la prime de deux sous se tend quelquefois jusqu'à 50, 60, 75 c., tandis qu'il est à peine de 10 ou de 15 c. dans les époques de stagnation. L'écart des grandes primes subit relativement les mêmes variations. J'ai agi sensément. Le 10, la rente ouvre à 69 fr. et remonte à 69 fr. 25 c. à la fermeture. Quelle nouvelle est venue arrêter la baisse et faire remonter la Rente? Aucune. Alors pourquoi monte-t-on ? Et le découvert. Retenez bien ce mot : le DECOUVERT ! C'est le défaut de la cuirasse de votre contre-partie à la Bourse. En ramenant à l'unité les manœuvres de la spéculation, on arrive à ne voir que deux camps à la Bourse, les acheteurs et les vendeurs. Le défaut de la cuirasse des acheteurs, des haussiers, ce qu'on appelle le découvert à la hausse, c'est que les haussiers sont obligés de vendre, et par conséquent de peser eux-mêmes sur les cours. S'ils sont nombreux, s'ils sont de qualité à ne pouvoir lever les titres achetés en liquidation, s'ils ne se font pas reporter ou si on refuse de les reporter, si on les exécute, les haussiers font forcément déclarer la baisse. Le découvert à la hausse fait, qu'à un moment donné, tous les acheteurs se mettent vendeurs, et pour peu que les premiers vendeurs, les baissiers se mettent de la partie, jugez de la débâcle. De même le découvert à la baisse, obligeant presque tous les vendeurs à racheter en même temps, enlève forcément les cours et entraîne la hausse. Il y a le grand découvert soit à la hausse, soit à la baisse, qui n'ébranle la place qu'aux approches de la liquidation ; et le petit découvert qui entraîne un mouvement d'un jour à l'autre, du soir au lendemain, qui produit la fluctuation journalière des cours. Or donc, la nouvelle anonyme qui, le 9, fait remonter la Rente de 68 fr. 85 c. à 69 fr. 25 c., c'est le petit découvert à la baisse qui s'est formé du 5 au 9. En effet, pendant ces trois jours, il s'est engagé des positions à la hausse et des positions à la baisse. La baisse étant venue la première, les haussiers se tiennent tranquilles et attendent patiemment que leur cours vienne ; mais les baissiers qui sont vendeurs à 69 fr. 60 c., 69 fr. 50 c., 69 fr. 40 c., voyant la Rente tombée à 68 fr. 85 c., s'empressent de racheter pour se liquider. De là reprise, hausse. Ces mouvements du petit découvert s'appellent dans l'adorable euphémisme de la Bourse : des réalisations de bénéfices. Rien de plus doux à l'oreille ; rien de plus agréable à la poche. Donc, le 10, je suis acheteur à 69 fr. 10 c. dont deux sous ; la Rente cote à deux heures 69 fr. 20 c. ; c'est le moment de laréponse ; je lève ma prime et je me trouve achéteur de 6,000 ferme à 69 fr. 10 c. La Rente ferme à 69 fr. 25 c. On peut bien demain monter à 69 fr, 50 c.. mais on peut aussi descendre à 68 fr. 85 c. ; dans ce dernier cas je perdrais 25 c. sur 6,000 : je trouve à gagner de suite 15 c., la prudence me conseille de les prendre. Je vends 6,000 ferme à 69 fr. 25 c. Comme il se peut que la Rente continue son ascension demain, j'achète, pour en profiter, 6,000 à 69 fr. 40 c. dont deux sous pour demain. De cette manière je rentre chez moi liquidé, certain de tenir un bénéfice, et avec l'espérance d'en réaliser un nouveau demain, où, s'il y a baisse, d'en être quitte pour abandonner deux sous, soit 200 fr.

Le 11, explosion de hausse sur un communiqué du gouvernement qui a paru sur le *Moniteur*. Le découvert à la baisse se voit perdu ; il rachète en masse et se double en hausse, pendant que les haussiers triplent, sextuplent leurs achats. La rente ferme à trois heures avec 90 c. de hausse. Ma position est excellente : je suis acheteur de 6,000 ferme à 69 fr. 40 c., et de 12,000 à 69 fr. 80 c. dont dix sous. La place est à la hausse ; je vais bientôt pouvoir clore mes opérations. Attendons.

Le 12, ordres d'achats de la province : 50 c. de hausse.

Le 13, le 14, le 15, le 16, le 17, le 18, le 19, le 20, le 21, le 22, stagnation, mais très-grande fermeté des cours. La rente est à 70 fr. 60 c. Je vends 18,000 ferme à ce cours. Je lève ma prime dont dix sous en liquidation, et je me trouve, ayant su profiter de la baisse et de la hausse sur une seule opération mixte, liquidé avec 5,000 fr. de bénéfice.

Mais tous les mois ne sont pas si heureux.

Prenons la même opération faite dans un moment de stagnation.

Le 3, j'achète 12.000 à 69 fr. 40 c. dont dix sous, et je vends immédiatement 6,000 ferme à 69 fr. Mais les affaires languissent; les spéculateurs ont déserté la Bourse pour aller aux eaux ou ailleurs : c'est la saison d'été. J'attends vainement que le ferme tombe à 68 fr. 75 c. pour racheter; les cours restent stationnaires entre 69 fr. 25 c. et 68 fr. 90 c. jusqu'au 28. Il m'est même impossible de profiter de ces mouvements tant les variations se font imperceptiblement. Le jour de la réponse des primes la Rente atteint 69 fr. 50 c. Je lève ma prime et je me trouve liquidé avec 10 c. de bénéfice sur 6,000, et 40 c. de perte sur les 6,000 vendus à 69 fr. Balance : 600 fr. de perte, plus 320 fr. de courtages. C'est assurément une détestable liquidation. Il aurait mieux valu ne rien faire, mais il aurait fallu connaître d'avance cette étonnante stagnation.

Voilà donc la même opération présentée dans les deux conditions qui peuvent s'offrir le plus souvent. D'une part, bénéfice petit ou gros ; d'autre part, perte minime. Les mois comme ce dernier sont rares. Mais dès l'instant qu'ils peuvent se présenter, quel parti peut-on tirer de cette situation.

Le voici : la stagnation s'accommode à merveille des opérations qui consistent à acheter, je suppose, 6,000 ferme à 69 fr. et à les revendre de suite à 69 fr. 25 c. dont un, ou à 69 fr. 40 c. dont dix sous. Dans l'exemple qui précède, ces deux dernières opérations m'auraient donné un bénéfice de 500 ou de 800 fr. Une fois engagé jusqu'à fin du mois, je pouvais, chaque jour, vendre à découvert 6,000 dont deux sous pour le lendemain, et il est probable que ces petites primes m'auraient été abandonnées pas mal de fois, ce qui aurait grossi mon bénéfice. J'aurais pu également me contenter de vendre chaque jour 6,000 pour le lendemain, sans engager d'opération fin de mois. Mais pour les spéculateurs qui veulent n'avoir qu'une manière d'opérer ; l'opération mixte est celle qui leur convient le mieux. Vous aurez peut-être trois ou quatre liquidations sans gain ou en perte légère ; mais que vous importe si vous en avez huit en bénéfice. Attendez la fin de l'année, et vous verrez que vous serez plutôt au-dessus qu'au dessous de vos 6,000 fr. de bénéfice.

Cette opération d'acheter à prime et de vendre de suite moitié ferme, peut très-bien se faire sur les chemins et surtout sur le Crédit mobilier qui a de si grandes variations. Mais je conseille aux petits spéculateurs de se contenter de la Rente qui, par ses primes du lendemain, se prête beaucoup mieux à toutes les évolutions de la stratégie boursière.

Je prends maintenant le cas si fréquent du petit spéculateur qui ne veut pas s'occuper de primes parce que cela l'ennuie d'attendre, ou parce qu'il n'est pas encore parvenu à les comprendre, le cas du boursier qui ne sait qu'acheter ferme et vendre de même.

J'ai pris pour base de mes opérations le chiffre de 1,500 ou de 3,000 fr. de Rente. Je préfère me mettre vendeur ; le motif, je n'en ai pas : c'est une idée, un pressentiment. Le 1ᵉʳ du mois, je vends 1,500 ferme à 69 fr. 15 c. ; le même jour la rente Ronte à 69 fr. 25 c. et ferme à ce cours. Je suis en perte.

Le 2, avant la Bourse, j'entends dire par de gros spéculateurs qu'il y a du découvert à la baisse, qu'on rachètera forcément aujourd'hui, jour de la liquidation de la Rente, et je pense logiquement que cela fera de la hausse. Je cours chez mon agent et je lui dis de m'acheter 3,000 au premier cours.

Mon ordre a été exécuté au cours de 69 fr. 40 c., premier cours coté. La Rente continue son ascension jusqu'à 69 fr. 90 c. ; je vends 1,500 à ce cours. Me voilà liquidé de mes deux opérations. Je perds 25 c. sur l'une, soit 125 fr. ; je gagne 50 c. sur l'autre, soit 250 fr. : bénéfice 125 fr.

J'attends. La Rente se soutient jusqu'à deux heures. Chacun a nettoyé sa position. Les baissiers vont sans doute recommencer à vendre, me dis-je ; si ce n'est aujourd'hui ce sera demain. Cette reprise n'a pas eu d'autre

cause que le besoin de rentes en liquidation.
Je puis donc me mettre vendeur sans grand
danger. Je vends cette fois 3,000 ferme
à 69 fr. 85 c. La Rente ferme à trois heures à
69 fr. 60 c. Je suis déjà en bénéfice. Restons
un peu pour voir si ce cours se soutiendra sur
le marché des assesseurs. Non. On vend; la
Rente fléchit à 69 fr. 45 c Je puis être tranquille jusqu'à demain. Le 3, la Rente se tient
entre 69 fr. 45 et 69 fr. 25. Je ne fais rien.
Le 4, mêmes cours; de ma part même inaction.
Le 5, stagnation. Le 6, on décroche 69 fr. La
Rente ferme à 68 fr. 90 c. Je rachète 4,500 à ce
cours, dont 3,000 pour me liquider, et 1,500
pour me mettre à la hausse, car je vois une légère reprise dont je serais bien aise de profiter.
Mon opération sur 3,000 me donne 950 fr. de
bénéfice. Je suis, je crois, bien placé. Le 7, la
Rente fléchit à 68 fr. 50 c. Diable! Je me vois
en perte de 200 fr. Attendons. Le 8, la Rente
tombe à 68 fr. 20 c. Bigre! ma perte s'élève à
350 fr. Mais je puis la supporter : N'ai-je pas
déjà réalisé plus de 1,000 fr. de bénéfice.

C'est égal, on déteste de perdre ; on aime mieux gagner. Mais voyons ! est-ce que cette baisse serait sérieuse ? Nullement ! je ne vois rien qui la justifie. Ne nous laissons pas démoraliser. 1 fr. 40 c. de baisse, en cinq jours, quand tout marche bien en Europe et que l'argent abonde, qu'on ne sait qu'en faire — pas moi par exemple ! — On doit remonter, on remontera. Je ferais bien d'acheter encore 1,500 à 68 fr. 20 c. Passons l'ordre. C'est fait. Le 9, la Rente se relève et ferme à 68 fr. 50 c. Tant mieux ! Et d'ajouter l'éternel refrain : Je le disais bien. Le 10, elle ouvre à 68 fr. 75 c. et ferme à 69 fr. 10 c. Ah ! du coup voici mon affaire. Je vends 3,000 à 69 fr. 10 c. Je suis liquidé : Je gagne 900 fr. sur les 1,500 achetés à 68 fr. 20 c., plus 100 fr. sur les 1,500 achetés à 68 fr. 90. J'ai bien fait d'attendre et de ne pas prendre peur.

J'ai encore vingt jours pour suivre pas à pas les mouvements de la Rente. J'ai réalisé près de 2,000 fr. de bénéfices en opérant sur le plus petit chiffre possible de la spéculation à terme.

Je pourrais, il me semble, engager mes prochaines opérations sur un chiffre plus fort, 6,000 par exemple. Essayons. Mais si j'allais me tromper tout en me laissant entraîner par l'ambition, mon bénéfice y aurait bien vite passé. On ne sait pas ce qui peut survenir d'aujourd'hui à demain.

O fantôme muet, ô notre ombre, ô notre hôte !
Spectre toujours masqué qui nous suit côte à côte,
Et qu'on nomme demain....

Décidément je me tiens à mes 1,500 fr. de Rente. Par ce moyen si mon opération est mal engagée, et que je sois obligé de me liquider en perte, je pourrai attendre 4 fr. de variation avant de me voir en perte au-delà de mes bénéfices. On a monté ; il faut vendre. Je vends 1,500 à 69 fr. 10 c. Pas de réaction. La Rente continue de monter lentement, sûrement, par cinq centimes, par dix, par quinze chaque jour. Je crains de me liquider. Je patiente jusqu'au 25. Ce jour-là la Rente cote 70 fr. 40 c. Je vois que le découvert commence à racheter ; vite, liquidons-nous, il n'est que temps. J'achète

1,500 à 70 fr. 50 c. La Rente monte toujours et atteint 70 fr. 90 c. C'est le cours de compen_sation. J'ai bien fait de ne pas me faire illusion jusqu'à compter sur un revirement des cours en liquidation. A partir du 25 ou du 26 la Bourse dévie rarement dans le sens contraire. La position de place domine tout. — Je perds 1 fr. 40 c. sur mon opération, soit 700 fr. Où en serais-je si j'avais vendu 6,000 au lieu de 1,500 ? Ma perte s'élèverait à 2;800 fr. J'ai été bien inspiré de ne pas écouter l'ambition : au lieu d'avoir à payer 800 fr., j'ai une différence de 1,300 fr. à recevoir. On voit par cet exemple que quand on a une fois admis un principe juste, il ne faut jamais en dévier. C'est le seul moyen d'être toujours fort, c'est le secret des succès soutenus de certains spéculateurs. C'est l'ambition qui perd les hommes : Jamais cet axiome ne fut plus vrai qu'à la Bourse.

En résumé : Pour se soutenir à la Bourse et pouvoir y réaliser, chaque mois, en moyenne, un bénéfice de 500 fr., il est de toute nécessité, si on veut opérer sur de gros chiffres, de n'en —

gager que des opérations de prime contre prime
ou de ferme contre prime, et encore faut-il être
très-sobre de ces deux premières. L'opération
la plus rationnelle est l'opération mixte d'achat
à prime contre vente de moitié ferme. Cela ne
veut pas dire qu'il faille l'engager sans réflexion.
Non. Il faut choisir le moment, et tâcher d'obtenir le moins d'écart possible entre le cours
du ferme et le cours de la prime. Voici une autre excellente opération mixte dont je n'ai pas
encore parlé. Cette combinaison peut s'appliquer quand, après une grande hausse qui a
des motifs pour se soutenir, on craint cependant de voir survenir une brusque réaction.
Ex. : J'achète 12,000 à 70 fr. 25 c. dont un,
et je vends 12,000 à 70 fr. 60 c. dont dix sous.
Sur ma prime dont un je vends 6,000 ferme à
70 fr. La Rente baisse à 68 fr. 50 c. Je rachète
6,000 ferme avec 3,000 fr. de bénéfice. Après
cette réaction la Rente remonte à 70 fr. 25 c.,
et mon opération à la hausse de prime contre
prime se trouve liquidée. Je gagne l'écart.

Pour l'homme extrêmement prudent et même

un peu pusillanime , qui veut n e jamais dépasser le chiffre de 1,500 fr. dans ses opérations, nous conseillons la vente des petites primes du lendemain, à découvert dans les moments de stagnation où l'écart est de sept à douze centimes, sur achat ferme quand l'écart se tend à 15, 20, 25 c. et qu'il y a motifs de fermeté des cours ou symptômes de hausse. Pour les péculateur qui dédaigne les primes, qui ne connaît que le ferme, la seule recommandation à lui faire est de ne jamais dépasser le chiffre de 1,500 fr. de rente et de raisonner juste. Il y a vingt-six jours de bourse dans le mois , s'il arrive, tous les deux jours seulement, à bénéficier de deux sous sur 1,500 fr. de Rente, il se fera 6,000 fr. de revenus dans l'année.

VIII

SPÉCULATION AU COMPTANT.

Après avoir cherché à guider le spéculateur à terme, donnons quelques conseils au spéculateur qui possède un capital placé sur les Fonds publics, et qui veut augmenter le revenu que ce capital lui rapporte.

Règle générale : Le spéculateur sur titres gagne toujours, si son capital a été primitivement bien placé.

Si son capital a été placé sur des valeurs qui soient tombées en dépréciation, il peut tou-

11

jours atténuer sa perte en greffant habilement des opérations à terme sur des opérations au comptant que ses titres lui permettent d'engager sans risques.

Je n'entrerai point dans l'énumération de toutes les valeurs de placement : Je sortirais du cadre que je me suis tracé. Je renvoie ceux de mes lecteurs qui seraient désireux d'avoir des renseignements sur ces valeurs, aux nombreux ouvrages qui traitent ce sujet.

Je suppose que j'aie 100,000 fr. à placer. Si je n'ai pas de motifs de préférence pour acheter des actions de chemins de fer, je songe naturellement aux obligations qui n'ont pas de dépréciation à subir, comme cela peut arriver aux actions. Je pourrais prendre des obligations de la ville de Paris, des emprunts de 1852 ou de 1855, de celles de la Seine de 1857 ou de celles du Crédit-foncier de France, si elles rapportaient un plus fort intérêt. Il est vrai que je courrais la chance de gagner un des lots de 100,000, de 50,000 ou de 20,000 fr. Mais j'aime mieux tenir un lièvre que de courir un cerf qu'il est probable que je n'attraperais point. Je m'arrête donc aux obligations des chemins de fer français, et j'en fais acheter pour 100,000 fr Je puis compter sur un intérêt de 5 1/4 à 5 1/2 p. 0/0. Une fois possesseur de ces obligations que puis-je faire pour augmenter mon revenu? Le voici :

Je porte mes obligations à la Banque de France qui me prêtera, sur ce dépôt, 60 p. 0/0, soit 60,000 fr., moyennant que je lui paye un intérêt de 3, 3 1/2, ou 4 p. 0/0; la Banque élève très-rarement son intérêt à 4 p. p. 0/0; rarement à 3 1/2 p. 0/0.; l'intérêt le plus habituel est 3 p. 0/0; il peut descendre à 2 1/2 p. 0/0, voir même à 2 p. 0/0. Comprenez-vous l'excellence et la sécurité de cette opération de placement. Vous empruntez à 3 1/2 p. 0/0, et avec les fonds que la Banque vous a prêtés, vous faites un nouvel achat de 60,000 fr. d'obligations qui vous rapporteront 5 1/4, 5 1/2 p 0/0. Vous bénéficiez de la différence entre l'intérêt que vous payez à la Banque, et l'intérêt que vous touchez de vos va.

leurs, soit 2 ou 1 3/4 p 0/0. Vous déposez encore ces 60,000 fr. d'obligations à la Banque, qui vous prêtera, sur ce deuxième dépôt, 36,000 fr. Vous faites un troisième achat de 36,000 fr. d'obligations. Vous portez ces obligations à la Banque qui vous prêtera encore, sur ce dépôt, 21,600 fr. Cet argent vous sert à faire un quatrième achat d'obligations que vous portez encore à la Banque qui vous prêtera encore sur ces valeurs 60 p. 0/0, avec quoi vous achèterez de nouvelles obligations. Vous continuerez ainsi jusqu'à extinction de capital. Vous serez alors arrivé à obtenir de votre capital de 100,000 fr. un intérêt de 8 1/2 à 9 p. 0/0. Vous payez ses intérêts à la Banque tous les deux mois, et vous touchez les vôtres chaque semestre. Aux approches du détachement du coupon de vos obligations, en décembre ou en juin, si vous trouvez plus d'intérêt à les vendre qu'à toucher le coupon, c'est encore un bénéfice que vous ne devez pas laisser échapper. Je suppose que vous avez effectué tous vos achats aux mois de janvier ou de juillet; le

cours habituel des obligations à ces deux époques varie entre 280 et 290 fr. Si les cours de
fin juin ou de fin décembre sont au dessus de
300 fr., vous avez plus d'intérêt à vendre et
vous vendez. En effet, vous n'avez qu'un
intérêt de 7 fr. 50 c. à toucher ; si vous voyez
12, 15 ou 18 fr. au-dessus de votre prix d'achat,
il faut les prendre en vous disant que vous
abandonnez 7 fr. 50 c. pour toucher 12, 15 ou
18 fr. Vous rachèterez vos obligations après le
détachement du coupon. Qui sait, vous les au -
rez peut-être meilleur marché que la première
fois, ou l'on fera peut-être une nouvelle souscription publique d'obligations de chemins de
fer à un prix encore plus bas que celui que
vous aviez payé. Dans tous les cas, patientez,
gardez vos fonds, attendez que votre cours
d'achat revienne ; il reviendra je vous l'affirme.

Je suppose que vous ayez fait à la lettre ce
que je viens de vous conseiller, et que vous
ayez eu le bonheur de vendre deux fois dans
l'année vos obligations 12 fr. plus cher que
vous ne les aviez payées, votre capital de

100,000 fr. vous aura donc rapporté, par ces deux combinaisons, un intérêt de 15 p. 0/0, placement plus lucratif, plus sûr et plus agréable que toutes les hypothèques possibles, car une hypothèque ne rapporte jamais que 5 p. 0/0, et elle vous met dans la gêne si vous avez besoin d'argent. Un placement sur obligations de chemins de fer vous donne des fonds quand vous en voulez; c'est une sorte de billet de banque ou de bon du trésor préférable à tous les contrats de notaire.

Voilà pour les placements sur obligations de chemins de fer. Voyons maintenant les placements sur actions de chemins de fer. Faut-il préférer telle ligne à telle autre? Toutes les lignes sont bonnes. Il en est cependant que la spéculation préfère : Le Lyon-Méditerranée, l'Orléans, les Lombards, les Chemins de fer espagnols, etc... Je veux placer 100,000 fr. : J'achète 111 actions de Lyon au cours de 900 fr. Ces actions dans mon portefeuille que puis-je faire pour gagner quelque chose en plus de l'intérêt et du dividende qu'elles me rapporteront, lesquels, réunis, s'élèvent à environ 6 1/2 ou 7 p. 0/0.

Si les actions de Lyon montent au-dessus de mon prix d'achat, le plus simple est de les vendre comptant et d'attendre une réaction pour les reprendre. J'aurai le soin, bien entendu, d'étudier le marché et les chances de hausse ou de baisse de cette valeur, avant de me décider à faire ces opérations. Si, acheteur à 900 fr. je vois coter 910 fr., et que le Lyon ait des chances de monter encore, je me garderai bien de vendre, ou, si je vends, je vendrai une prime dont 20 fr. ou une prime dont 10 fr. Si j'opte pour vendre comptant, à 910, je gagne 1,110 fr. Je puis répéter plusieurs fois dans le mois cette opération sans perdre ni l'intérêt ni le dividende de mes actions. On voit tout de suite les beaux bénéfices que je puis réaliser sans courir une seule chance de perte. S'il arrive que, acheteur à 900 fr., le Lyon descende à 890 fr. ou même à 880 fr., j'attends. Si je veux absolument faire une affaire sur mes valeurs, je puis vendre une prime dont 10 fr. au cours de mon prix d'achat. Si je suis levé, je livre mes titres, je ne perds rien, ou j'en suis pour un courtage. Mais il est plus probable que la prime me sera abandonnée, ce qui fera descendre mon prix d'achat à 890 fr. Ne puis-je pas encore, si je vois revenir la hausse, racheter ferme à 890 fr.? gagner 10 fr. d'écart entre mon ferme et ma prime, et vendre mes titres comptant au-dessus de 900 fr. avant ou pendant la liquidation? Quoiqu'il arrive, je dois gagner ou ne pas gagner, mais je ne perdrai pas. On voit qu'on se tire toujours d'affaire avec des titres.

Ce genre d'opération appliqué au chemin de fer Lombard, devient très-fructueux. Avec le capital de 100 Lyon je puis lever 350 Lombards, sur lesquels il n'y a encore que 250 fr. payés. Les variations étant les mêmes sur les actions de cette ligne que sur les actions du Lyon, je puis chaque fois tripler mon bénéfice. Le Crédit mobilier se prête aussi très-bien à la spéculation au comptant sur titres. Mais je n'ose conseiller de garder en portefeuille cette valeur. Elle peut donner, il est vrai, les plus grands bénéfices, mais elle descend ou monte trop rapidement, et, comme la majorité des spéculateurs s'effraie trop tôt ou s'enthousiasme trop vite, je craindrais de les voir agir contre leurs intérêts en se précipitant pour vendre ou pour acheter dans une heure de panique ou dans un quart d'heure d'engouement.

Passons à la Rente.

La Rente 3 p. 0/0 rapporte de 4 fr. 25 c. à 4 fr. 50 c. d'intérêt. Cela ne l'empêche pas d'être la reine des valeurs par la sécurité qu'elle offre aux rentiers de l'État. Celui qui possède un titre de 1,500 ou de 3,000 fr. de Rente peut spéculer avantageusement sur son titre, et réussir à se faire un revenu de 10 à 15 p. 0/0.

Deux moyens se présentent à lui : 1° Acheter comptant et vendre comptant chaque fois qu'il trouvera un bénéfice : En suivant attentivement les variations des cours, ce cas se présentera souvent dans le mois. S'il se trompe, il en sera quitte pour attendre; son cours reviendra toujours. 2° Faire des reports sur son titre, ou reporter sur prime pour gagner un plus grand écart, c'est-à-dire vendre fin prochain 1,500 ou 3,000 fr. dont un ou dont dix sous. S'il est levé, il donne son titre; s'il est abandonné, il cueille la prime de un franc ou de dix sous. Dans le premier cas, il a vendu plus cher qu'il n'avait acheté; dans le second cas, c'est un joli bénéfice qu'il empoche, lequel peut se répéter sept ou huit fois dans l'année.

Recommandation : Si, vendeur sur titre, il arrive que vous soyez levé, ne vous pressez pas pour racheter votre titre. Étudiez bien l'époque de l'année où l'on se trouve et la situation financière générale. N'achetez jamais quand la Rente peut baisser.

Je ne dirai rien sur les opérations à faire sur des valeurs tombées en dépréciation. Mieux vaut attendre. C'est une question de patience et de temps. Le Crédit public se relèvera un jour et entraînera toutes les valeurs dans un formidable mouvement de hausse qui fera un changement de cours général. Tout le monde alors applaudira et chacun sera satisfait.

IX

ASSOCIATION DES SPÉCULATEURS.

Notre tâche est finie. Terminons par une petite digression à l'adresse des spéculateurs.

Nous parlons à ceux qui connaissent les dangers du jeu, à ceux qui ont à se plaindre du jeu, à ceux qui auront foi dans notre véracité et qui, en nous lisant, ont reconnu la bonté et la sincérité de nos conseils.

Est-ce qu'une association des petits spéculateurs est impossible?

Voyons! Pourquoi venez-vous à la Bourse? Pour gagner?

— Oui.

— Avez-vous gagné depuis un an, deux ans, quatre ans que vous spéculez à la Bourse?

— Non.

— Vous avez donc perdu?

— Hélas! c'est vous qui l'avez dit.

— Pourquoi, si vous perdez toujours, continuez-vous d'y venir?

— Dam! pour me récupérer. Il ne faut qu'un instant, vous le savez, et je veux être là pour le saisir. Je suis acheteur; on va monter : vous allez voir.

Voilà le raisonnement des spéculateurs crétinisés; voilà ce qu'ils répondent chaque fois qu'on les interroge sur le résultat final de leurs affaires de Bourse. Ils sont têtus comme maître Aliboron. C'est perdre son temps que de prêcher ces gens-là : Rotschild lui-même ne les convertirait pas. A ceux-là notre bénédiction et la manière de s'en servir : c'est **tout** ce que nous pouvons faire pour leur être agréable.

Mais aux spéculateurs sérieux, intelligents, qui connaissent la difficulté pour le petit pêcheur de se tenir à flot sur cette mer orageuse et perfide de la spéculation, à ceux-là nous dirons : quittez ces frêles esquifs qui vous font voir la mort à chaque instant, sur lesquels aucun de vous n'est en sûreté, et construisez un grand vaisseau qui vous portera tous, qui résistera aux vagues et bravera la tempête. Unissez-vous, associez-vous : l'union fait la force ! C'est vieux et bête comme le monde.

Voilà une idée ! voici le moyen :

Il y a un an environ, qu'une centaine de spéculateurs qui avaient à se plaindre du sort, sur un conseil de votre serviteur, résolurent de quitter ce rôle de victime, d'enfant perdu, et de former une association qui se donnerait un chef qui seul opérerait pour la compagnie. Mais comme ils aimaient le jeu pour les émotions qu'il procure, ils convinrent qu'ils pourraient spéculer entre eux, au moyen de chèques, en établissant leurs opérations sur les cours du Parquet. Voici sur quelles bases fut constitué ce petit marché libre.

12

« Chaque spéculateur pour être associé doit verser 5,000 fr.

« Les 500,000 fr. qui constituent présentement le fonds social resteront en dépôt à la Banque de France...

« Le Directeur seul dispose du fonds social de la compagnie qui lui donne, par ces présentes, pleins pouvoirs d'agir comme il l'entendra et au mieux des intérêts de la Société.

« Les opérations du Directeur comprendront toutes espèces de négociations des Fonds publics français et étrangers.

« Le Directeur est autorisé à entretenir à l'Étranger des correspondants dont les émoluments et les frais seront imputés au compte des profits et pertes de l'association.

« Le Directeur expose, chaque mois, la situation des affaires de la Société aux membres de l'association convoqués et réunis à cet effet.

« Les associés ont le droit de faire entre eux des opérations à terme sur les valeurs cotées à la Bourse. Chacune de ces opérations ne pourra se faire sur un chiffre plus fort que celui de 1,500 fr. de rente ou de 25 actions.

« Il n'y aura jamais de seconde opération d'engagée avant que la première n'ait été liquidée.

« Si la première opération liquidée met l'un des associés en perte, il est interdit à cet associé de faire d'autres opérations pendant tout le mois courant.

« Le Directeur a le droit de trancher toutes contestations qui pourraient s'élever entre les associés.

« Chaque négociation faite entre deux associés sera immédiatement constatée par un double chèque énonçant l'opération et portant la signature des deux contractants.

« Chaque contractant devra remettre son chèque au Directeur le jour même où l'opération aura été conclue. »

Etc., etc... Nous passons la suite.

L'association a prospéré. Le résultat de l'année sur les opérations faites par le directeur seul, a donné pour chaque associé ou part de 5,000 fr., un bénéfice de 17,000 fr., soit 350 p. 0/0.

Un pareil chiffre n'a pas besoin de commentaires.

A BON ENTENDEUR DEMI MOT !

FIN.

Paris. — Imp. Aubry et Comp., rue de l'Eglise-Vaugirard.

١٤٨

www.ingramcontent.com/pod-product-compliance
Lightning Source LLC
Chambersburg PA
CBHW071857200326
41519CB00016B/4420